협상은
돈!보다
강하고
인맥보다
세다

협상은 돈!보다 강하고 인맥보다 세다

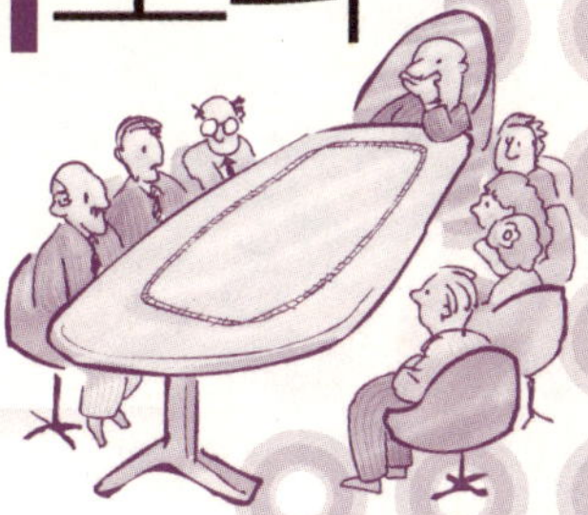

송균석 · 신정수 지음

협상力은 돈보다 강하고,

인맥보다 세다.

세상에는 두 가지의 사람이 산다.

협상력을 갖춘 사람과

협상력이 없는 사람.

Contents
| 차 례 |

제4장 협상자 유형

제5장 국제협상력

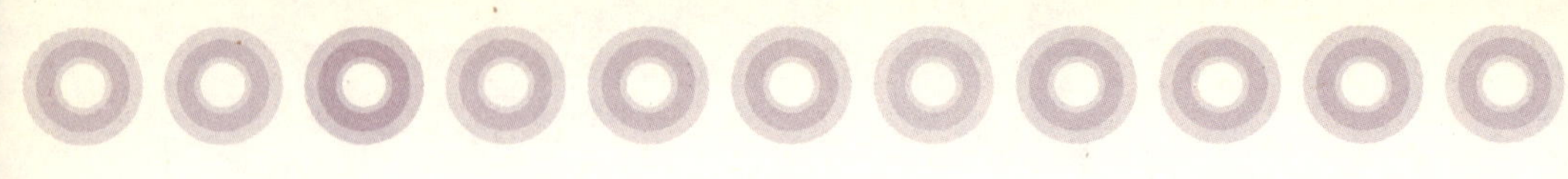

인생은 협상이다. 인생에서 우리가 자신에게 필요한 무엇인가를 얻기 위해서 남에게 필요한 무엇인가를 주는 교환활동은 항상 존재하기 때문이다. 이러한 교환과정에는 우리가 알게 모르게 항상 협상이 이루어지고 있다. 가족은 물론 고객, 기업, 더 나아가서는 국가간의 모든 관계와 활동에서 자신이 필요한 것을 얻기 위해서는 협상을 성공적으로 이끌어야 하는 것이다.

요즘 우리나라에는 유능한 협상전문가가 너무 부족하여 기업, 국가 등에서 '협상력 부재' 라는 현실에 난감해하고 있다. 몇 십 년을 공들이고 키워온 회사를 단돈 몇 푼에 외국 회사에 넘겨주고도 무엇이 문제였는지를 모르는 현실이 너무도 안타까웠다.

국가간의 경쟁이 치열해지면서 중국의 하이얼사는 30달러짜리 전자레인지를 출시하고, 냉장고나 세탁기 등의 가전제품을 30~40% 싼 가격으로 생산하여 세계시장을 공략하고 있다. "원가는 점점 올라가고, 판매가격은 내려가는 시점에 기업의 수익모델을 어디에서 찾아낼 것인가?"에 대한 해답은 여러 가지가 나올 수 있지만 무엇보다 가장 중요한 것이 협상의 문제로 귀결된다는 것이다. 왜냐하면, 협상가가 협상테이블에서 어떻게 협

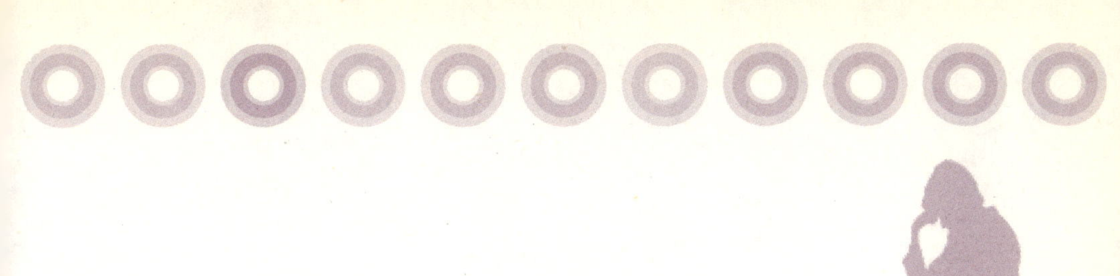

상을 이끌어 내느냐에 따라 기업의 수익이 달라질 수 있기 때문이다.

협상력의 비중이 점점 증가하면서, 중요한 포지션으로 자리 잡아가고 있으며 다양한 분야에 활용되고 있다. 취업을 준비하는 사람은 협상전략을 기본으로 갖추고 있어야 한다. 글로벌 시대에 외국기업들과의 경쟁에도 필요할 것이며, 회사의 원칙과 규정을 정하는 곳, 리더가 조직원을 이끄는 데도 협상력은 필요하다. 상품을 판매하는 세일링에도 협상력이 필요하며, 우리가 생활하는 일상의 모든 면이 협상인지도 모른다.

개인의 직무수행능력은 우수하나 협상력의 부재로 인하여 능력에 맞는 대우를 받지 못하는 경우도 있을 수 있으며, 심각한 사회문제 중의 하나인 경영진과 노조와의 협상범위를 좁혀가지 못하는 경우도 국가적 큰 손실로 이어지고 있다.

그렇다면 어떻게 하면 우리도 유능한 전문 협상가를 많이 양성할 수 있을까? 바로 이 문제가 이 책을 펴내게 된 동기가 되었다. 이 책에서는 국내에서 출판된 협상관련 서적과 외국 학자들이 쓴 문헌들을 바탕으로 우리 실정에 맞게 새로운 협상 모델을 제시하였다. 이 협상 모델은 협상과정에 따라 협상 전, 협상 중, 협상 후 단계별로 다루어야 할 내용과 중점사항들

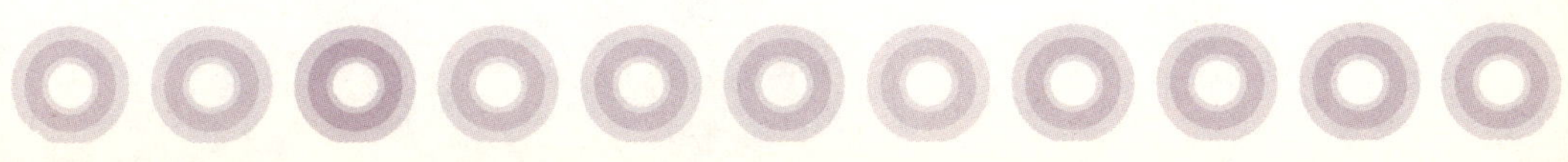

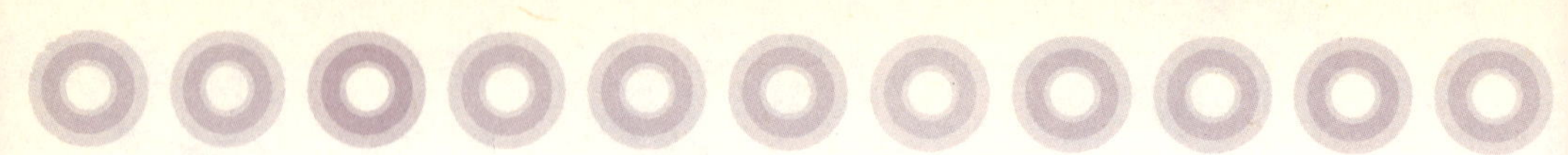

을 일목요연하게 제시하였다.

또한 협상력을 높이기 위하여 협상준비서를 개발하여 실제 기업들에 활용해 본 결과 많은 기업으로부터 협상의 성과를 높이는 데 정말 필요하다는 좋은 평가를 받았다. 또한 협상력 노트를 만들자는 제안을 받아 현재 다양한 용도의 협상력 노트를 제작하고 있는 중이다. 이 책과 협상력 노트가 많은 사람들이 염원하는 협상의 좋은 성과를 얻는 데 기여할 수 있기를 기대한다.

이 책에서는 다양한 정보를 바탕으로 새롭게 구축한 프레임워크를 제시함으로써 독자들이 자신의 목적에 맞게 활용할 수 있도록 편리하게 설계하고자 노력하였다. 수익이 크든 작든, 협상의 대상이 대기업이든 중소기업이든 외국회사든, 아니면 보잘것없는 물건을 하나 구입하거나, 내 물건을 남에게 판매하는 사람이나, 전문가를 상대로 법정소송이 벌어지는 현장에까지 이 책에서 제시하는 협상의 기본을 이해한다면 어떤 협상에서라도 그 성공률을 높일 수 있으리라고 확신한다.

이 책에서 제시하고 있는 다양한 프레임워크나 전략들이 이제부터 시

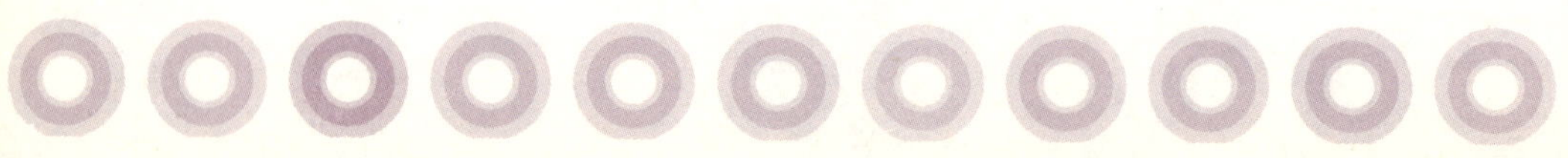

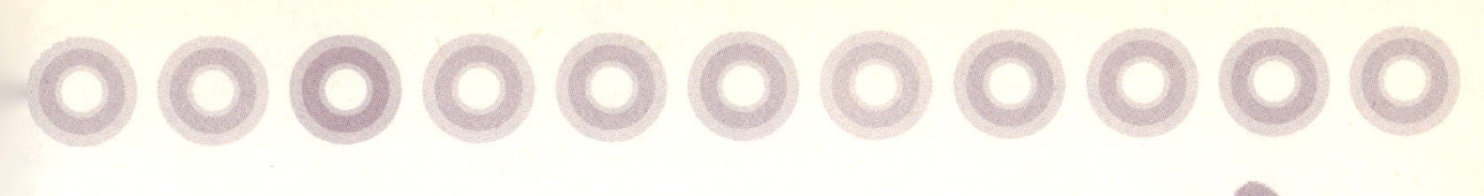

작되는 당신의 협상테이블에서 마법의 요술봉과 같이 곤란한 국면을 해결하고, 성공할 수 있는 혜안을 제시할 것이며, 협상테이블을 주도적으로 리드할 수 있는 멋진 파트너의 역할을 수행할 것으로 기대한다. 또한 회사나 개인의 성장에 근원이 되어 계획한 만큼의 성과를 얻어낼 수 있도록 지원을 아끼지 않는 좋은 멘토가 되기를 기대한다.

끝으로 책이 나오기까지 귀한 시간과 조언을 아끼지 않으셨던 무한출판사 사장님과 우리의 믿음직한 제자 김보라, 김은정, 박은진, 전윤주, 임지혜, 안목연, 조윤진, 박근향, 한슬기, 최혜윤 등에게 감사의 말을 전한다.

부모님!
저희는 당신들의 보람이길 원합니다.
이 책을 우리의 부모님께 드립니다.

송균석, 신정수

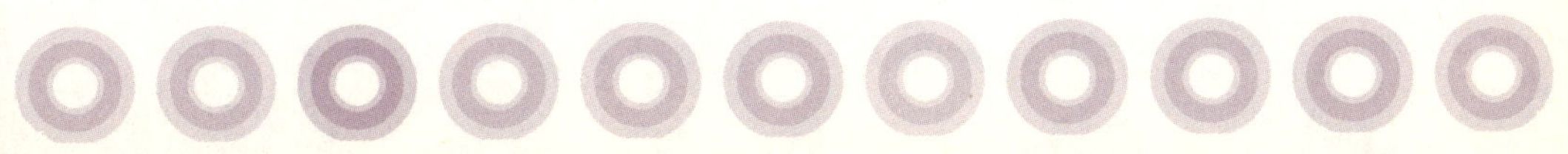

「협상은 Win – Win이다」

4억 5천만 원짜리 전원주택을 2억 2천만 원에 살 수 있을까? 주택을 판매한 업자는 도대체 얼마를 손해 본 것인가? 주택을 구입한 사람은 어떤 방법을 동원했기에 그런 가격으로 집을 살 수 있었을까? 누가 손해를 보고, 누가 이득을 보았을까? 아니면 양측 모두 승리한 것인가?

K씨는, 암으로 투병하는 부인을 위해 공기 탁한 서울을 벗어나 가까운 전원에 집을 얻어 건강을 돌보고 싶었다. 어느날, 병원에서 준비한 구급차에 링거를 달고 도시 근교를 돌아보기로 했다. 서울에서 대략 30분 정도 떨어진 양수리 저수지 근처에 아담한 전원마을이 나타났다. 저수지 주변에는 이미 여러 채의 전원주택들이 있었으며 저수지 건너편에는 서울과 양평을 잇는 도로가 보였다. 마을을 조금 돌아 한적한 곳에 이르니 저수지 옆에 5채의 전원주택을 누군가가 짓고 있었다. 저수지를 바라보고 있는 집터를 보니 아늑하고 좋아 보였다. 부인도 너무나 좋아했다.

이런 상황이라면 아마도 대부분의 사람들은 집을 짓고 있는 주인을 찾아가서 인사를 나누고 이곳저곳을 둘러보며 입에 침이 마르도록 칭찬을 하고 판매가격을 물어볼 것이다. 집을 짓고 있는 건축주 또한 예기치 못한 방문객을 환영하며 내심 머릿속으로는 복잡한 계산기를 두드리고 있을 것이다.

당신은 이런 상황이라면 어떻게 행동하겠는가?

대부분의 사람들은 공사현장을 둘러보고 판매가격을 물어볼 것이다. 그리고 주인이 제시하는 가격에서 적당한 금액을 정하여 서로의 의견을 일치시키려고 노력할 것이다. 이것이 '일반적인 협상' 이다.

협상이란 '서로 이해가 대립되는 기대치를 최적의 조건을 만들어 합의에 이르는 것' 이다 이러한 협상은 혼자 하는 것이 아니라 둘 이상의 주체가 모여서 의논하거나 다자 간 협상이나 쌍방 간 협상을 이야기할 수 있겠으나, 여기에서는 쌍방 간 협상에 중점을 두고 이야기하고자 한다.

일반적인 협상은 누구나 할 수 있는 것으로, 이는 적당히 금액을 깎는 것과 같이 특별하게 다른 요구사항이나 의견충돌이 없기 때문이다. 그러나 특정목표를 달성하기 위한 협상을 효과적으로 이끌어 내려면 그것보다는 더 고려해야 할 요인들이 많아지게 된다.

예를 들어 협상을 함에 있어서 "기발하게 생각하라!"는 말이 있다. 기발하게 생각하지 못하거나, 급한 성격 탓에 아무런 생각 없이 판매가격에만 연연하다 보면 크게 낭패를 볼 수 있다는 것이다. 바꾸어 말하면, 기발한 생각을 하면 큰 수확이 생길 수 있다는 말이 아니겠는가. 일반적인 방법외에 어떤 방법이 있겠는가? 기발하게 생각하면 다른 방법이 나올 것 같지 않은가?

□ 협상이란 무엇인가?

서로의 기대(Expectation)를 일치시켜 가는 과정이다.

최적의 조건을 만들어 가는 과정이다.

합의에 이르는 과정이다.

협상의 결과는 상호 WIN & WIN 이어야 한다.

당신의 머릿속이 처음부터 복잡해지길 원하지 않는다. 이제부터 전개될 이야기들을 당신이 이해한다면, 아마도 염두에 두고 있던 집을 계약하러 달려 나갈지도 모른다.

앞의 이야기를 전개시키면서 기발하다는 것과 정보의 중요성과 수집된 정보를 활용하는 힘을 이해하게 될 것이다. 이것이 '협상력' 이다. 협상은 어떤 정보를 얼마만큼 확보하여 적절하게 활용하느냐에 따라 성과의 차이가 크게 달라질 수 있으며, 이때 정보의 요소를 세분화시키는 것이 중요하다는 것을 깨닫게 될 것이다.

"기발한 생각을 하라!"

구급차가 집을 짓고 있는 건축주의 눈에 띄는 것은 불리한 요소로 작용할 수 있다. 구급차를 보고 건축주는 함부로 상상할 수 있다. '아픈 환자가 있는 집이구나, 거동이 불편하거나 죽기 전에 이런 곳에서 살게 하려나 보다, 이들은 내가 집값을 높이 불러도 절실하게 필요한 입장인 만큼 구입할 수밖에 없겠군.' 집주인의 이런 상상은 협상 진입에 장벽을 칠 뿐이다.

〉〉〉 근처 부동산 중개업소를 찾아 정보를 수집하라

부동산 중개업소에서도 급하게 찾아온 용무를 이야기해서는 당신이 얻고자 하는 정보를 가르쳐 주려 하지 않을 것이다. 유연하게 행동하면 상대방의 관여도를 높일 수 있다.

부동산 주인의 관심을 끌 만한 화제로 이야기를 시작하는 우회 전략을 계획하라. 살기 좋은 곳에서 사업하고 계시다는 이야기나, 급매물로 나온 물건에 대한 이야기, 그리고 찾아온 목적물에 대해서는 지나가는 이야기처럼 슬쩍 던져 본다.

어떤 정보가 필요한가? 필요한 요소들을 미리 설계해 두어야 한다.

❏ 건축물과 관련된 필요한 정보 요소

대지 및 건축 면적
토지소유주와 건축주와의 관계
평당 토지 매입 비용
평당 건축비용
매매가격
입주시기
건축주의 경력사항
현재 자금사정에 대한 정보

부동산 중개업소 주인으로부터 얻어낸 정보는 대략 이러했다.

'대지 200평 건축면적 50평, 평당 토지 매입비용 30만 원, 소유주가 직접 공사 진행, 평당 건축비 280만 원, 예상 매매가격은 4억 5천만 원 정도, 입주 시기는 2개월 후, 이와 같은 전원주택사업을 10여 년 정도 했으며 건축주는 전직 건설회사 임원 출신, 자금 상태는 아마도 현금이 없는지 가끔씩 업자들이 찾아와서 자재 값 지불 문제로 다투기도 한다.'

현금이 부족하다는 정보는 K씨를 굉장히 유리한 고지에 서도록 만들 수 있다. 협상력에는 이런 말이 있다.

"사전 정보는 협상의 판도를 바꾼다!" 다음에 해야 할 일은 입수한 데이터를 조합하여 정보로 가공하는 작업이다.

토지 값 : 200평 × 30만 원 = 6천만 원

건축비 : 50평 × 평당 280만 원 = 1억 4천만 원

총 비용 : 2억 원

데이터가 가공되어 정보가 되는 순간 엄청난 효력을 발생시킨다는 점을 명심하기 바란다. 협상가는 이러한 데이터를 수집하기도 하지만 수집된 정보를 바탕으로 정보화 작업을 할 수 있어야 한다.

K씨는 2억 5천만 원이 들어 있는 통장을 준비하고, 구급차는 부동산 중개업소 앞에 세워둔 채 걸어서 현장을 찾아갔다. 한눈에 주인을 알아볼 수 있었다. 그는 두 명의 목수와 함께 일하고 있었는데 유난히 얼굴에 근심이 많아 보이는 사람이었다. 정중하게 인사를 하고 집 구경에 대해 양해를 구했다. 10여 분을 둘러보면서 한마디도 하지 않았다. 집을 살 것 같은 표정

도 짓지 않았다. 오히려 주인이 다가와서 집에서 바라보는 전망이나 좋은 자재를 사용하여 튼튼하게 짓고 있다는 등, 묻지도 않은 답변을 장황하게 설명한다. 매매가격도 묻지 않고 2억 5천만 원이 들어 있는 통장을 보여주면서 이렇게 말한다. "2억 2천만 원에 파실 수 있다면 내일까지 전화를 주세요. 아니면 건너편 저 집을 사기로 했습니다." 그리고 명함을 한 장 주고 돌아온다. 협상의 요령에 "무산(포기)할 수 있음을 내비춰라!"는 말이 있다. 이 집이 아니면 다른 집을 살 수도 있다는 뜻을 살짝 전하는 것이다.

부인은 그 집이 마음에 들었는지 다녀온 이야기를 듣고 싶어 했다. 구입가격으로 얼마를 불렀느냐고 궁금해 한다. 2억 2천만 원을 제시했다고 했더니 몹시 놀라며, '당신 같으면 그 집을 그 가격에 팔겠느냐'고 서운해 하는 마음을 보인다. 하루만 기다려 보자고 타일러서 집으로 돌아왔다.

다음날, K씨는 오후 4시에서 은행 마감시간인 4시 30분이 결정의 순간이 될 것으로 예상하고 있었다. 예상했던 대로 4시 15분에 건축주로부터 전화가 걸려왔다. 2억 5천만 원에 계약을 하자는 내용과, 돈이 당장 필요하니 일부를 지금 보내달라는 것, 계약은 내일 와서 하자는 것이 주 내용이었다. K씨는 2억 2천만 원을 고수하며, 계약서도 작성하지 않고 돈을 보낼 수 없다는 의견을 분명히 했다. 그리고 부인의 생활편의를 돕기 위해 일부 설계를 변경할 필요가 있다는 내용을 전하고, 전화상으로 몇 가지 수정할 부분을 이야기한 후, 통장에 남은 3천만 원을 지불하겠다는 의사를 전달했다. "남의 사정 봐주지 말라!"

다음날, K씨는 그 집을 2억 5천만 원에 계약했으며, 필요 옵션에 대하여는 친필로 기록하여 계약서를 작성하였다. 그리고 2개월 후 양수리 저수지가 내려다보이는 집으로 이사를 했다.

정리하면, 협상력이란 '협상하기 전에 상대방에 대한 많은 데이터를 확보하고, 협상을 하면서는 데이터를 바탕으로 가공해낸 정보를 적절히 활용하여, 협상 후 상호 이득이 될 수 있는 대안을 제시하는 능력'을 말한다.

〉〉〉 협상을 잘 하려면 협상력을 키워야 한다

일반적인 협상이 되어서는 안 된다. 그것은 누구나 할 수 있다. 최소한 협상가는 데이터를 바탕으로 정보화한 자료를 활용하여 상대방의 믿음을 변화시키는 '전략적 협상'을 해야 한다. 결론적으로 협상을 잘 하려면 협상력을 갖춰야만 가능하다는 것이다.

question

위 사례의 결과에 대하여 당신의 의견은 어떠한가?

편의상 건축주를 '갑'이라 하고 매입자를 '을'이라 하자. 그리고 4가지 유형 중에 당신이 생각하는 결과를 표시해 보라.

A	양측 모두 승리(win & win)
B	'갑'의 승리(win & lose)
C	'을'의 승리(lose & win)
D	양측 모두 실패(lose & lose)

아마 당신은 '을'의 승리인 C를 선택했을 것이다. 그러나 정답은 양측

모두 승리인 A이다. 그 이유는, 현금이 필요했던 갑이, 을로부터 받은 현금으로 급한 자재 값을 해결하고 나머지 건물을 지을 수 있는 기초자금을 마련할 수 있었기 때문이다. 을은 정확한 데이터를 바탕으로 원가를 파악하였으며, 갑이 두 달 동안 공사한 노임과 각종 인허가 비용을 2천만 원으로 계산해 주었다. 갑이 결코 손해는 보지 않았지만 이익도 크게 없는 제안을 수락한 것은, 현금이 필요했기 때문이다. 나머지 4가구를 마저 건축하기 위해서는 자재 납품업자들과의 신용을 회복하는 것이 가장 중요하다고 판단한 것이다. 결과적으로 갑은 4개의 잔여 가구를 무사히 완공할 수 있었고, 이 가구들은 4억 원이 넘는 가격으로 팔아서 오히려 을에게 감사하게 된 것이다.

01 아이들에게서 협상의 기본을 배워라

　　이제 우리는 협상에 대한 맛을 조금 느끼기 시작했다. 오늘 당장 당신이 어떤 자리에 나가 협상할 일이 있다고 가정하여 가장 기초적이고 기본적인 예를 하나 더 들어보도록 하겠다. 어떤 자리에서 아무리 급한 협상을 하더라도 최소한 기억해 둘 것은, 어린 시절 어머니와 아침에 벌렸던 협상을 떠올리고 이성적으로 차분하고 계획적으로 접근하라는 것이다.

　　어린 시절로 돌아가 보자. 아침마다 등교길을 서두르던 녀석이 어느날 아침에는 입었던 바지를 다른 것으로 바꿔 입기를 여러 차례, 신었던 양말도 다른 것으로 갈아 신기를 서너 번, 책가방도 뒤집어 다시 챙겨 넣기를 반복한다. 학교 늦겠다는 어머니의 재촉도 이리저리 피해가면서 늑장을 부리던 기억들이 있을 것이다. 군것질을 해야 하거나, 친구가 가지고 놀던 고무 물총을 하나 갖고 싶어서 돈이 필요했던 것이다.

마지막에 승부수를 둔다
적당한 금액으로 흥정한다
타당성 있는 근거를 논리적으로 설명한다
선생님이나 학교의 강한 파워를 활용한다

>>> 마지막에 승부수를 둔다

모든 방법을 동원해서 등교시간을 지연시켰다. 그리고 지각하기 5분 전에 문 앞에서 과감하게 손을 벌린다. "엄마 돈 줘." 그것도 당당하고 힘찬 목소리로 부르짖었다. 당당하지 않거나 목구멍으로 기어들어가는 목소리는 거짓말이란 게 탄로 난다는 것을 알고 있기 때문이다.

그렇다면 아이들은 왜 지각하기 5분 전에 승부수를 두는가? 그것은 Murphy의 법칙을 활용하고 있는 것이다. 시간이 가면 갈수록 양보율이 높아져서 '갑'은 유리해지고, '을'은 점점 더 불리해진다는 법칙이다. 아이들은 협상 시간을 단 2~3분 여유를 두고 실행한다는 전략을 계획한 것이다. 어머니의 곤란한 질문들과 유도심문에 넘어가지 않으려는 것과 지

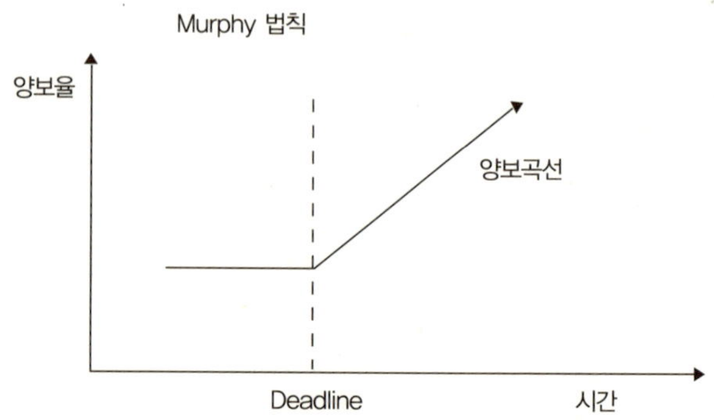

각하면 선생님에게 혼난다는 사실을 이용해서 마지막에 양보율 즉, 어머니가 돈을 줄 확률이 높기 때문에 마지막에 승부수를 두고 있는 것이다.

〉〉〉 적당한 금액으로 흥정한다

많은 금액을 요구하지도 않으며, 부담감 없는 금액을 제안한다. 어머니 주머니에서 나올 수 있을 정도의 금액을 요청한다. 필자의 어린 시절 같으면 10~20원이었으나 지금은 5천 원~1만 원 정도일 것이다. 이 정도의 돈은 어머니의 주머니에서 별 부담 없이 나올 수 있다는 계산을 미리 해둔 것이다. 어머니께서도 이런 생각을 하셨을 것이다. 5분이 지나면 저 녀석이 지각하여 선생님께 혼날 것이고, 크게 부담 없는 금액이니 일단 줘서 지각하는 것은 막아야 한다는 판단을 하신다.

또 하나 아이가 고려하고 있는 것은, 어머니의 주머니 사정이다. 아버지 월급날로부터 10일 이내에 이런 작전을 계획한다는 것이다. 어머니 주머니 사정이 넉넉할 때는 쉽게 돈이 나오겠지만, 10일 이상 지나서 주머니 사정이 여의치 않을 때는 오히려 역효과가 난다는 것을 이미 경험을 통하여 알고 있기 때문이다.

〉〉〉 타당성 있는 근거를 논리적으로 설명한다

요청한 금액을 가지고 무엇을 살 것이며, 왜 사야 되는지를 논리적으로 설명해야 한다. 대개의 경우 주로 공부하는 데 필요한 것들을 산다고 둘러 댄다. 공부하는 데 필요한 것이라면 어머니를 설득하는 데 훨씬 용이하기 때문이다. 어머니께서 늘 기대하시고 좋아하시는 것은 자식이 공부를 열심히 해서 좋은 성적을 받아오는 것이기 때문에 공부하는 데 필요하다면 성공할 확률이 높다는 것을 알고 있다. 반면, 군것질을 하거나 놀이기구를 사기 위해 돈이 필요하다고 한다면 지각 5분을 남겨둔 목전에서도 결코 주시지 않을 것이다. 왜냐하면 중요하고 급한 것이 아니고, 어머니 관심사인 공부하는 데 필요한 것이 아니기 때문이다.

무엇을 살 것이며, 왜 돈이 필요한가에 대하여 신중하게 생각해서 다양한 시나리오를 준비한다. 그리고 혼자 리허설까지 마무리한다. 이렇게 연구한 시나리오 중에 당일 어머니를 설득할 최적의 대안을 사용한다. 이런 연구와 다양한 시나리오를 검토하지 않으면 어머니의 질문 하나에 모든 것이 물거품이 될 수 있기 때문이다.

>>> 선생님이나 학교라는 강한 파워를 활용한다

상대방의 약점을 잘 파악하여 활용하면 성공확률이 높다. 어머니는 '선생님'이나 '학교'라는 단어 앞에서 약하다. 선생님이나 학교에서 준비하라는 것들에 대하여는 어머니가 늘 순종하신다는 점을 적절하게 활용하는 것이다. 또 하나, 어린 아이는 어머니를 상대로 협상을 벌이기에는 자신이 약세라는 것을 인식하고 있기 때문에, 자신의 약세를 보강하기 위한 전략으로 자신보다 힘이 강한 선생님이나 학교를 협상테이블에 끌어들이게 되는 것이다.

이상의 내용을 정리해 보자.

첫째, 상대방이 내게 무엇을 원하고 있는가를 파악해야 한다.(어머니는 내게 열심히 공부해서 우수한 성적을 받아오기를 기대하고 있다.)

둘째, 상대방의 환경을 이해하고 있어야 한다. (어머니의 주머니 사정과 그 날의 컨디션 정도를 파악하고 있어야 한다. 기분이 좋지 않은 아침에 "엄마 돈 줘."했다가는 저녁에 집으로 들어가지 못하는 사태가 벌어질 수도 있기 때문이다.)

셋째, 타이밍과 장소를 어떻게 선정할 것인가도 중요하다. (지각 5분 전을 선택한 것은 Murphy의 법칙을 활용한 것이다. 만약 장소를 저녁 잠자리나 밥상머리로 정했다면 어머니로부터 다양한 질문공세를 받을 수 있기 때문이다.) 앞으로 자세히 다루겠지만 협상 장소는 제2의 파트너이다.

넷째, 나를 지원할 수 있는 주변의 지인이나 멘토를 찾아 두어라. 내가 도움을 얻을 수 있는 멘토를 미리 준비해 둔다면, 내 힘으로는 풀 수 없는 일도 쉽게 풀릴 수가 있다.

어머니는 늘 우리보다 현명하시다. 용돈을 타내기 위해 위와 같은 치밀한 전략을 구사하지만, 그것이 매번 성공할 수 있는 건 아니다.

어린 시절 필자가, 어머니께 "엄마 돈 줘."했더니, 대뜸 이렇게 말씀하신 적이 있다. "아침에 갑자기 이야기하니 돈이 없구나. 내일 주마. 그리고 다음부터는 이렇게 하자. 무엇을 사야 하고, 돈은 얼마가 필요하며, 왜 그것이 지금 필요한지, 또 언제까지 필요한지를 종이에 적어서 부엌 찬장 앞에 붙여 두어라."

협상에는 다양한 특징이 있다. 결코 힘이 약하다고 하여 일방적으로 끌려가는 협상은 하지 않아도 좋다. 나와 상대가 서로 무언가를 얻을 수 있는 여건이 되어야 협상이란 게 성립되는 것이지, 일방적으로 계약되어 손해를 보게 되는 건 진정한 협상이 아니다. 실패 사례를 하나 소개하겠다.

지방에 있는 모 대학교에서 있었던 일이다. 지방에 위치해 학생들이 입학을 기피하는 현상이 있는 터라, 초현대식 기숙사를 지어 신입생의 편의를 도모하기로 하고, 교내 부지에 1,000개의 방을 보유한 초대형 기숙사를 건축하기로 의견을 모았다. 기숙사를 건축하는 방법은, 민간 자본을 유치하여 건설사 자금으로 건물을 짓고 일정기간 비용을 받아 운영하다가, 원금과 이자가 상환되는 시점에 건물과 운영권을 학교가 돌려받는 방법을 채택했다. 여러 건설 회사들이 손해를 보지 않는 범위에서 이 공사를 수주하기 위해 접촉을 시도했다.

이런 상황이라면 학교에서도 건설 회사를 상대로 상호 윈-윈 할 수 있는 좋은 협상안을 이끌어 갈 수 있을 것이었다. 편의상 학교를 '갑', 건설 회사를 '을' 로 칭하기로 하자. 갑과 을의 협상 결과는 대략 다음과 같다.

- 건축 면적 : 5,000평

- 평당 공사비 : 300만 원

- 예상 공사비 : 총 150억 원

- 운영권 : 건설회사(학교는 운영기간 동안 운영권에 대해 일체 관여하지 않는다.)

- 운영 기간 : 기숙사 최초 학생 입실일로부터 24년간

- 입실 비용 : 1인실 월 20만 원. 2인실 월 35만 원

- 최소 비용 보장 : 전체 입실의 70%를 보장하며, 보장금은 학교가 지불한다.(단, 70% 이상의 입실금은 '을' 이 소유함.)

- 부대시설(편의점, 세탁소, 식당, 카페 등) 입주 : '을' 이 계약한다.

question

위 협상 결과에 대하여 당신의 의견은 어떠한가?
아래 4가지 유형 중 당신의 결과를 표시해 보기 바란다.

A	양측 모두 승리(win & win)
B	'갑' 의 승리(win & lose)
C	'을' 의 승리(lose & win)
D	양측 모두 실패(lose & lose)

누가 보더라도 '갑'의 완패요, '을'의 일방적 승리인 것이다.

여러분의 이해를 돕기 위해 위에서 얻은 데이터를 조합하여 정보를 가공해 보자. 을이 24년간 70%의 입실을 보장받는 기준으로 총 수입금을 계산해 보면 대략 다음과 같다.

- ● 월 평균 입실 금액

  25만 원 × 700실 × 12개월 × 24년 = 5백4억 원

은행 이자를 감안하더라도 10년간 운영하면 210억 원 정도의 비용을 상환 받게 된다. 또한 학교 주변에 기숙사 역할을 대행하고 있던 원룸이나 오피스텔의 비용을 알아보면 1인 1실 20만 원, 2인 1실이 35만 원으로 학교 기숙사와 거의 동일한 가격으로 형성되어 있음을 알 수 있다. 기존의 시설은 자율적인데 반하여 학교 기숙사는 엄격한 규정과 원칙이 동반되므로 학생들이 선호하지 않을 수도 있다. 최악의 시나리오로 학생들이 선호하지 않는다면 70%의 객실 비용을 학교가 을에게 고스란히 보상해 줘야 한다.

그렇다면 어떤 연유에서 이런 결과가 만들어질 수 있었을까? 굳이 이유를 찾아보자면 갑은 전혀 협상에 대한 지식과 준비가 없었다고 볼 수 있으며, 을은 철저한 로비와 협상력으로 무장된 프로들의 집단이었을 것으로 예측된다.

위 사례가 정상적인 거래였다고 본다면 협상의 특징 정도만 이해하고 있었더라도 이런 일방적인 결과는 나오지 않았을 것이다.

위의 사례에는 '갑'은 없고 '을'만 협상을 한 것 같은 느낌이다. 협상은

서로의 기대치를 일치시켜 가는 과정이다. 갑이 가지고 있는 힘에 대하여 자세히 알고 있었더라면 이런 결과는 나오지 않았을 것이다. 설령 초기 투자자금이 너무 많아서 건설 회사들이 시행을 꺼린다고 하더라도 적당한 협상조건이 맞는 회사를 학교 측이 지원하여 공사를 착공할 수 있었을 것이며, 건설회사끼리 경쟁 상황에 빠지게 하여 최적의 조건을 제시하는 파트너를 선정할 수도 있었을 것이다.

협상의 특징에서도 알 수 있듯이 지금 당장 '갑'이 기대하고 있는 조건을 충족시킬 만한 건설회사가 나타나지 않는다면 시간을 좀 더 가지고 더 많은 회사들을 접촉한 다음, 상호 이익을 주고받을 수 있는 회사를 선정했어야 했다.

협상이란 것은 서로가 절실하게 필요로 하는 부분들을 가지고 있으며, 그 기대치에 도달하지 못하면 주지 않을 수도, 받지 않을 수도 있어야 한다. 협상은 힘, 정보, 시간 등에 따라 영향을 받을 수 있다. 건설회사 간에 경쟁을 벌이게 하고(경쟁의 힘), '갑'이 제시하는 조건에 접근시켜 가며(정보를 제공받고), Murphy의 법칙을 적용시켜 나갔다면(시간), 갑은 오히려 유리한 입장에서 협상을 진행할 수 있었을 것이다.

이 책을 통하여 최소한 이런 잘못된 협상을 벌이는 과오를 범하지 않게 되길 바란다.

❏ 협상의 특징

협상은 혼자 하는 것이 아니다
주고받는 게임이다
서로의 기대를 일치시켜나간다
협상대상에 대한 기대를 가지고 있다.
이의 블 가능성이 있어야 한다
주지 않을 수도 받지 않을 수도 있다
서로는 서로를 필요로 한다
힘(Power), 정보(Information), 시간(Time)의 영향을 받는다

이제 곧 우리사회는 협상가의 주가가 오르는 시대가 올 것이다. 이미 여러 분야에서 전문적인 협상가를 절실하게 필요로 하고 있다.

상품을 생산하기 위하여 필요한 원자재 가격은 점점 올라가고 판매가격은 치열한 경쟁으로 인해 하루가 다르게 바닥을 치고 있다. 이러한 때 기업의 수익은 어디에서 찾을 것인가? 결국 협상가가 협상테이블에서 어떻게 협상을 하느냐에 따라 기업의 수익은 달라질 수 있다.

뉴스나 언론보도를 통하여 대기업이나 국가기관의 고위 공직자들이 협상력에 관하여 학습하고 있다는 기사를 자주 접하게 된다. 바람직한 현상이라고 생각하며, 부디 협상력을 강화시켜 '돋보이는 외교협상', '성숙된 노사관계' 라는 단어들이 점차 많이 보도되기를 기대한다.

협상가는 자신을 남에게 알리는 이미지나 브랜드를 구축할 필요가 있다. 즉, 협상가는 깊이와 폭이 있는 자신만의 철학이 있어야 한다. 당신도 깊이와 폭을 겸비한 협상가로서의 철학을 가슴에 품고 있어야 한다.

눈앞에 보이는 이익에만 급급하다 보면, 한 달을 넘게 끌고 간 국내 항공사의 노사협상처럼 서로가 너무나 많은 손실을 초래하게 된다는 것을 인식해야 한다. 현금을 벌어들이지 못한 손실보다도 더 크고 중요한 손실은 신용과 신뢰를 잃어버렸다는 것이다. 한번 고객으로부터 잃어버린 신용과 신뢰를 회복하는 데는 400%의 에너지가 필요하다고 한다. 기존의 고객을 유지하는 데 필요한 에너지는 40%면 가능하지만, 새로운 고객을 창출하는 데는 200%의 에너지가 든다. 그리고 등을 돌린 고객을 다시 불러들이려면 400%의 에너지가 필요하다는 것이다.

우리도 음식점에서 불쾌한 서비스를 받게 되면 그 집이 인테리어를 다시 하고, 맛난 메뉴로 바꿨다고 현수막을 써 붙이고, 가격을 50% 할인해 주어도 관심조차 없질 않은가.

의식이 없는 협상가가 저지른 한 번의 실수로, 그 멍에를 영원히 짊어지고 가야 될지도 모른다. 그러므로 협상을 그르치지 않으려면 의식을 갖춘 협상가의 철학을 신중하게 정립해야 한다.

❏ 협상가 철학

- 이성(Reason)을 바탕으로 균형잡힌 협상가
- "좋은(Nice) 사람"이라는 소리를 들으면서 원하는 것을 얻을 수 있는 협상가
- 거래가 계속적으로 유지되도록 하는 협상가

의식(意識) 있는 협상가란, 나도 이기고 상대방도 이겨야 된다는 생각을 가진 사람을 말한다. 일방적으로 어느 한쪽만 이긴다면 다른 쪽 사람은 두 번 다시 당신과 거래하려고 하지 않을 것이다. 또, 서로가 생각하고 있는 기대치에 미치지 못한다고 불구덩이로 함께 들어가자는 식의 어수룩한 협상가 또한, 협상테이블에 나설 자격을 영원히 박탈당할지도 모른다. 나도 이기고 상대방도 이겼다고 생각된다면 좋은 인상을 가지고 계속적으로 당신과 거래가 유지되기를 바랄 것이며, 인생을 살면서 좋은 파트너로 다른 것들도 공유할 수 있는 기회가 만들어질지도 모른다.

상대방도 만족하고 나도 만족하기 위해서는 진정한 배려가 우선되어야 하는데, 진정한 배려란 '만족하고 떠나게 하는 것'이다. 가격을 높게 주고도 만족할 수 있다. 반면, 가장 저렴한 가격으로 얻게 되고도 만족하지 못할 수도 있다. 따라서 협상을 통해 양자가 이기도록 결과를 이끌 필요가 있다.

협상가는 차가운 이성을 지녀야 한다. "로비스트 협상가는 말이 없다!"는 이야기가 있다. 그들이라고 말하고 싶지 않겠는가. 단지 그 시점에서 침묵할 뿐이다. 그리고 그들은 유연한 태도로 상대방의 발언을 끊지 않고 끝까지 집중해서 들으며 이야기의 핵심을 찾아내고, 찾아낸 핵심을 상대방의 입장에서 재검토(Review)한다. 또한 자신이 준비한 데이터나 정보, 협상의 범위와 데드라인을 상대방의 핵심 사안과 비교하여 최적의 조건으로 상호 윈-윈(win-win) 할 수 있는 대안을 찾아간다.

최소한 협상가가 협상안을 가지고 협상테이블에 나서면 우왕좌왕해서도 안 되며, 중요한 증빙 자료를 빠뜨리고 온 사람마냥 안절부절못해서도 안 된다. 상대방으로 하여금 신뢰를 줄 수 없을 뿐더러 빨리 자리를 피하고 싶다는 암시를 주게 될지도 모른다. 협상가가 균형이 잡히려면 정보와 지식으로 무장되어 있어야 하며, 즉각적으로 확인시킬 수 있는 자료들을 미리 준비하는 등의 세밀함을 가지고 있어야 한다.

헐리우드 영화 〈네고시에이터(협상가)〉를 본 적이 있는가. 헐리우드의 연기파 배우 새뮤얼 잭슨과 캐빈 스페이시가, 인질극을 벌이는 인질 협상가와 인질극을 해결하기 위한 전문 협상가로 변신해 연기대결을 펼친다. 서로를 전문가로 인정하면서 신뢰를 얻게 되고, 이성적인 두뇌게임으로 '협상의 진수' 를 선보인다.

협상가는 대치 국면이나 경색을 대화로 뚫어야 하고, 급박한 상황에서 오히려 최대 효과를 이끌어 내는 자질을 가지고 있어야 한다. 필자는 협상 테이블에 나가기 전 이런 주문을 외운다.

"서로의 소중한 가치를 알게 하시고, 진정한 배려가 이루어지게 하시고, 좋은 파트너로 오랜 동반자가 되게 하소서."

우리는 일상생활에서 정말 많은 협상을 한다. 협상이라면 왠지 거창한 느낌이 들지만 흥정이라고 부르는 것이나 부탁을 하는 것 역시 협상의 일부이다. 자신이 협상의 전문가라고 생각하고 주위를 둘러보면 이런 점들을 정말 확연하게 느낄 수가 있다. 작게는 음식점이나 술집에서 서비스 음식을 받는 것부터 1년을 기다려 온 연봉 협상에 이르기까지 우리는 정말 많은 협상을 한다.

이런 협상에도 전략은 필요하게 마련이다. 협상을 성공으로 이끄는 세 가지 전략과 실패하는 상황에 항상 존재하는 세 가지 주의사항에 대해서 살펴보도록 하겠다.

우선 성공 전략은 정보 확보, 대안 준비, 함께 만족하는 협상을 하는 것이다.

협상에 있어서 정보의 중요성은 너무도 중요하다. 정보를 어떻게 구하고 또 어느 것이 정보인지 간파하는 것이 협상력에서 아주 큰 비중을 차지한다. 정보를 구하는 방법에 있어서 정답은 없다. 때로는 지인을 이용하기도 하고, 또는 상대방과 많은 대화를 하면서 얻기도 한다.

그렇지만 현실에서는 시간적, 공간적 제약으로 인해 정보를 얻기 어려운 경우가 많다. 이럴 때 사용하는 방법이 바로 '대안'을 준비하는 것이다. 이 대안을 준비하기 위해서는 우선 협상에 앞선 '가정'이 필요하다. 상대의 반응과 상황에 대해서 다각도로 분석을 하고 이 분석을 바탕으로 경우의 수를 산정한다. 그리고 그 경우의 수에 맞는 대안을 마련하고 이후 행동 방법을 선정한다.

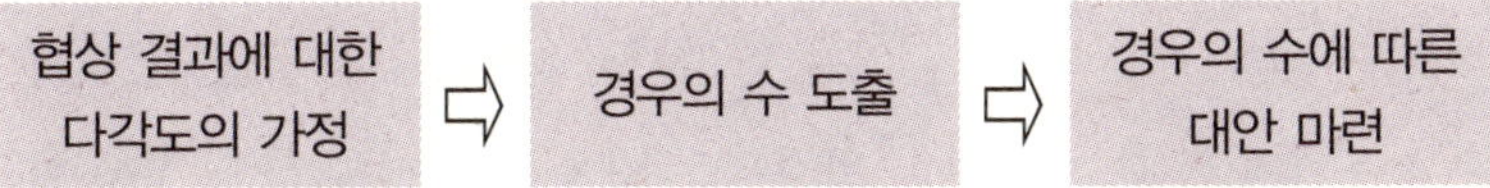

연봉 협상을 예로 들자면, 자신의 연봉 조건과 전혀 맞지 않고 협상의 여지가 전혀 없을 경우 전직할 회사가 있다면 보다 자신 있게 자신의 주장을 펼 수 있을 것이다. 대안을 준비하고 이후 행동까지 계획해 두었다면 보다 적극적으로 협상에 임할 수 있을 것이다.

또한 서로 어느 정도는 만족할 수 있는 협상을 해야 한다. 상대가 손해를 봤다는 느낌을 받는다면 그것이 계속 떠오르게 되고, 안 좋은 기억으로 남게 되어 다음 협상에 상당한 영향을 미치게 될 것이다. 협상인 만큼 가장 좋은 것은 서로 윈-윈(win-win) 하는 것이다.

한 예로, 한 남자가 성수기에 피서지에서 방을 잡는다고 가정해 보자. 주변 방들은 1박에 5만 원 정도 하고 있는데, 마지막 집에서 주인이 남자에게 얼마에 방을 쓰고 싶으냐고 물었다. 남자는 다시 주인이 생각하는 가격을 말해 달라고 한다. 주인은 망설이다가 4만 원은 받아야겠다고 대답한다. 이 때, 이 남자가 바로 4만 원을 지불하면 거래는 끝이 나게 될 것이다. 그러면 주인은 '5만 원을 부를 걸' 하는 아쉬움이 계속 남게 될지도 모른다. 남자 역시 3만 원에 방을 달라고 한번 얘기라도 꺼내고 잠시 흥정을 해보는 것이 어찌 보면 더 나았을 수도 있다. 결국 4만 원을 지불한다 해도 손해 볼 것은 없고, 방을 일찍 비워 주는 조건으로 3만5천 원에 방을 빌리게 되면 더 이익이기 때문이다.

여기서 중요한 것은 무엇보다도 상대가 손해를 봤다는 느낌을 받지 않게 해주는 점이 포인트이다. 물론 이는 다시 만나 협상을 할 가능성이 아주 희박한 경우이다. 하지만 연봉 협상처럼 다시 만나서 협상을 할 일이 있는 경우라면, 상대가 손해를 봤다는 느낌을 갖지 않게 하는 것이 협상에 있어 중요한 예의라고 할 수 있다.

그렇다면 실패하는 협상에 항상 존재하는 것은 무엇일까? 바로 성급함, 내가 만들어 버린 협상의 한계선, "No!"라고 대답하기 쉬운 환경 등이다.

성급함은 협상에 있어서 최대의 적이다. 모든 판단을 희미하게 할 뿐만 아니라, 이 고비만 넘기면 모든 것이 해결될 것 같은 착각에 빠지게 만든다. 어떻게든 이 상황을 모면하는 데 초점을 두고 있기 때문에 제대로 협상을 할 수가 없게 되는 것이다.

길을 가다가 마음에 드는 옷을 하나 발견했는데 옷가게 주인은 이 옷이 인기가 좋아서 딱 한 벌 남아 있다고 이야기를 한다. 성급함에 판단력을 잃은 행인은 별다른 판단도, 물건 값에 대한 흥정도 없이 옷을 사 버린다. 이 경우 행인은 다른 옷을 찾아 헤매는 시간을 줄였을 뿐 협상을 했다고는 볼 수 없다.

시간이 더 중요하다면 굳이 협상이 필요 없을 수도 있다. 하지만 한 걸음 물러서서 옷가게가 문을 닫을 무렵 다시 방문을 하거나 인터넷 쇼핑몰을 찾아본다면, 더 좋은 물건을 사거나 보다 저렴하게 물건을 구매할 수도 있었을 것이다. 물론 그러는 사이 그 옷이 팔려 버린다는 변수는 있을 수 있겠지만.

협상에서 항상 변수는 존재하고 리스크 역시 존재하게 마련이다. 이것을 어떻게 판단하고 자기 것으로 만드느냐가 바로 상황에 대한 판단이고 협상 환경을 읽는 눈이다. 이 눈이 나빠지면 자칫 성급해질 수 있다.

협상을 실패하게 하는 또 하나의 적은, 내가 만들어 버린 한계이다. 물건에 적정가가 있듯 협상에도 한계점은 있다. 신제품 TV를 가전 매장에 가서 1천 원에 살 수는 없는 노릇이다. 그렇지만 자신이 한계를 정하고 나면 협상은 그 틀을 절대 벗어나지 못한다. 물론 협상에 임할 때 어느 정도의 전략과 한계점은 정하고 들어가게 마련이다.

예를 들면, 저 자동차를 500만 원까지 살 수 있다면 구매하겠다는 것처럼 말이다. 그러나 잘못된 한계점은 협상을 무의미하게 만들어 버릴 수도 있다. 이미 안 될 것이라고 한계를 짓는다든지, 내가 가진 협상의 우위가 없다고 한계를 짓는 것이 가장 큰 문제가 된다. 동전에 앞뒤가 있듯 협상도 앞면이라고 생각할 것인가, 뒷면이라고 생각할 것인가에 따라서 전혀 다른 입장을 얻을 수 있는 것이다. 이 점을 간과하면 자신 없는 태도로 협상에 임하게 된다. 그리고 자신 없는 태도의 종착점이 바로 "No!"라고 말하기 쉬운 환경을 만들어 주는 것이다.

한 여성이 백화점에 물건을 사러 갔다고 가정을 해보자 이 여성은 백화점은 물건을 정찰제로 판매하는 곳이라는 한계를 정하고 있다. 그렇지만 못내 아쉬워서 "혹시 이 물건 10%만 깎아 주시면 안 되지요?"라고 묻는다. "안 되지요?"라는 말에 이미 이 사람은 협상을 포기하고 있다는 것을 알 수 있고, "No!"라는 답을 하기에 너무나도 좋은 환경을 만들어 주게 되는 것이다.

이처럼 안 된다는 한계를 정하고 있으면 소극적으로 협상에 임하게 되고, 상대는 그것을 너무도 쉽게 눈치챌 수 있다.

이런 점들을 분명히 인식하고 있다면, 일상에서 이루어지는 협상에서 하나라도 더 얻을 수 있을 것이다. 또한 발상의 전환 역시 협상을 성공으로 이끄는 것이다. 하나를 내주고 둘을 얻을 수 있다면 내줄 줄도 아는 자세가 바로 서로 윈-윈(win-win) 할 수 있는 자세라고 하겠다.

협상은 바로 생활의 일부분이다. 준비한 만큼 얻어 가는 것 역시 협상이 가진 매력이다.

「협상에도 단계가 있다」

치열한 경쟁 속에서 우리 기업은 설 곳을 잃어가고 있다. 국가 브랜드 수준이나 기업의 시장 포지션이 힘의 논리에 좌우되어 점수로 매겨진다. 높은 점수를 가지고 있는 국가 브랜드나 기업은 당연히 좋은 성과를 얻어내고, 그렇지 못한 국가나 기업은 총칼 없는 전쟁 속에서 철저히 희생당하고 있다는 느낌을 지워버릴 수 없다.

〉〉〉 총칼 없는 전쟁에서 승리하라

우리는 자원도 없는 척박한 땅에서 산업혁명을 일으켰고, 88 올림픽을 성공적으로 치른 국민이다. 2002년 월드컵의 4강 신화를 만들어 냈으며, 세계 각종 기능대회를 석권하고 있는 우수한 민족이다. 2002년 월드컵 경기 때의 "꿈★은 이루어진다."는 카드 섹션은 아마도 평생 잊지 못할 것이다.

온 국민이 하나 되어 "오~~. 필승코리아!"를 외치며 4강 신화의 열매를 맺었던 것처럼 이제는 우리의 대한민국을 협상 강국으로 만들어 총 없는 전쟁에서 승리하는 꿈을 이루어야 한다.

>>> 국가 브랜드 가치를 높여라

모 경제 신문에서 세계 국가 브랜드 순위를 기사화 한 적이 있는데 미국 1위, 독일 2위, 일본 3위, 대한민국 12위로 소개되었다. 이 중 일본은 '메이드 인 저팬(Made in Japan)'을 '네오 저패니스크(Neo Japanesque)'로 바꾸려는 시도를 하고 있다. 기술력에서 압도했던 '메이드 인 저팬'을 바꾸려는 저의는, 한국과 중국 기업들의 추월을 의식해서 새로운 국가 브랜드를 만들려는 노력으로 보인다. 국가 브랜드는 기업 브랜드와 함께 시장의 가격을 형성하는 데 기여하고 있다. 사실상 국내 브랜드 몇 개를 제외하고는 일본 제품보다 높은 가격을 받기 어려운 이유가 여기에 있다. '메이드 인 저팬'이 일본의 국가 브랜드로서 첨단 기술의 상징처럼 여겨져 왔으며 여전히 막강한 영향력을 미치고 있음에도 불구하고, 일본이 새로운 브랜드를 개발하려는 노력을 기울이고 있는 것은 경쟁 우위의 협상력을 갖추기 위한 전략이기도 하다.

우리나라의 국가 브랜드도 많이 좋아졌다. 올림픽을 치른 나라, 월드컵 4강 신화, IT산업 강국, 컴퓨터 보급률 세계 1위, 아시아를 강타하는 한류 열풍, 세계적인 영화상 수상 등 위상이 높아진 것은 사실이다. 그러나 글로벌 경쟁에서 일본 기업이나 중국 기업들에 브랜드 가치가 밀리지 않도록 정부와 민간 기업이 합심하여 노력하여야 한다. 국가 브랜드, 기업 브랜드 가치가 높아지는 것은 협상에서 유리한 고지를 선점할 수 있기 때문이다. 그러므로 우리들의 브랜드 가치가 협상의 발목을 잡지 않도록 국가 브랜드 가치를 향상시키는 데 노력해야 하겠다.

그러나 국가 브랜드나 기업의 브랜드 가치는 하루아침에 일류 브랜드가 될 수 없다. 오랜 시간이 걸릴지 모른다. 그렇지만 협상테이블에 나서는 협상가는 시간을 덜 들이고도 양성할 수 있다. 어떻게 하면 그런 것이 가능할까? 이에 대한 답을 제시하기 위해 이 책에서는 협상력 모델을 개발하여 이러한 과정을 지원하고자 한다. 협상력 모델을 개발하게 된 것도 그것을 지원하기 위한 것이다.

❏ 협상력 모델(MODEL)

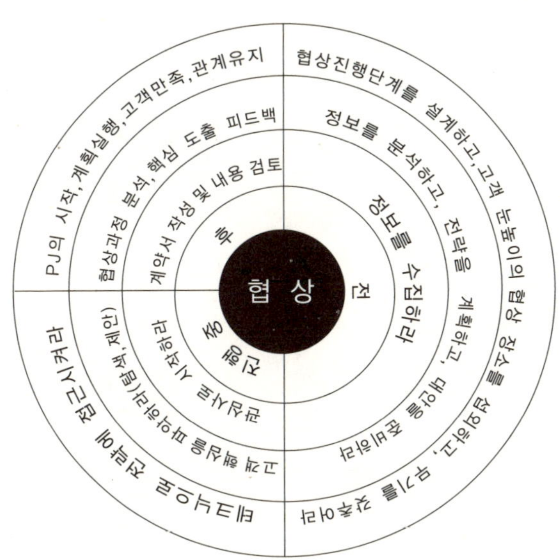

이 모델은 협상전, 협상중, 협상후라는 3단계로 구분하여 각 단계별로 중요사항을 제시하였다. 첫째, 협상을 하기 전에 준비할 것들이 있다. 둘째, 협상을 진행하면서 어떻게 해야 하는지에 관해 다루었다. 셋째, 협상을 진행한 후 어떤 일들을 해서 신용과 신뢰를 쌓고 성공적인 인간관계를 지속시킬 수 있느냐를 제시하였다.

협상을 진행하기 전에 가장 중요한 것은 협상을 위한 준비 단계로, 크게 3가지 단계가 있다. 그 첫 번째가 정보를 수집하는 것인데, 협상을 준비하는 과정에서 가장 중요한 부분이다.

✔ 〈1단계〉 정보를 수집하라

정보화 사회가 도래하면서 많은 정보를 인터넷을 통해 찾는다. 정보화 사회 이전에는 중앙도서관에서 열흘간 찾아야 될 분량의 정보를 단 몇 분, 몇 시간이면 핵심적인 데이터나 정보를 찾아낼 수 있다.

그런데 여기서 주의할 것은, 인터넷을 통해 찾아낸 데이터는 가공되지 않은 자료가 대부분이며, 출처가 불분명하여 사실 여부를 확인하기가 곤란하다는 점이다. 가능한 한 공신력 있는 기관이나 사이트 정보를 활용하는 것이 신뢰를 높일 수 있다.

❏ 정보를 수집하라

정보를 수집하는 데 어디에서, 어떤 정보를 수집할 것인가.

표적고객 정보요소	정보 출처
기본정보	● 회사정보-CEO/경영철학/비전/윤리경영/매출/이미지/—전략
선 례	● 사전 사례/동종업체 경험 사례/장애물/클레임 건/처리방법 등
스 타 일	● 일방적 통보형/우호적 협상형/야망형/DISC유형 분석
관 심 사	● 업무집중/스포츠, 취미/정치, 경제/아이/건강/기타
주변인프라	● 출신 학교/연고/친구/입사동기/동호회/기타
협상코치	● 이 사람을 공략하기 위하여 코칭 할 나의 주변 인물

협상은 원하는 것을 얻기 위한 과정으로 주요 요소는 ① 협상목표 설정(Goal setting), ② 협상력(Bargaing Power), ③ 관계(Relationship), ④ BATNA (Best Alternative to Negotiated Agreement), ⑤ 정보(Information)

이 중에서 정보를 잘 활용하여 협상을 성공으로 이끄는 사례를 살펴보자

〉〉〉 성공 사례 (미국 워싱턴 로비스트의 정보)

미국 워싱턴 DC의 워터게이트 호텔 204호실은 한미통상장관 회담을 위해 미국을 방문한 한국 정부 협상대표 K장관의 방이다. 회담을 하루 앞두고 도착한 K장관에게 도날드 변호사가 뭔가를 열심히 설명하고 있다. 이번 협상의 최대 현안인 C-TV 수출에 대해 반덤핑관세 철폐에 대한 정

보를 제공하고 있는 것이다. 도날드 변호사는 C-TV 이슈에 대한 미국 상무성과 통상대표부(USTR), 그리고 미국 전자업계의 내부 입장에 대한 정보를 제공한다. 지난주에 있었던 관계 부처 실무회의에서 미국 전자업계의 압력을 받은 상무성은 C-TV 반덤핑을 계속 유지하고 싶어 하지만, USTR는 시대착오적 C-TV 반덤핑 관세를 철회하길 바란다는 것이다. 또한 이번 협상대표를 맡게 된 상무성의 애셔만 차관보에 대한 개인적 이야기까지 들려준다. 두 달 후 애셔만 차관보의 연임 여부가 결정되며, 최근 부인과 별거설이 있다는 소문까지 들었다는 것이다. 이 도날드 변호사는 한국 전자업계가 고용한 워싱턴 A&K 법률사무소의 변호사이다.

아무리 좋은 정보를 많이 가져도 이를 협상 전략으로 활용하지 못하면 아무 소용이 없다. 여기서 2가지 정보를 활용 전략으로 사용할 수 있는데, 첫 번째는 애셔만 장관의 연임과 사생활에 대한 정보이다. 이 정보는 그가 뭔가에 쫓기고 정서적으로 편안하지 않을 것이라는 것을 짐작하게 한다. 또한 일반적으로 연임을 앞둔 고위관리는 눈앞의 협상성과(Immediate Outcome)에 집착하게 된다. 눈에 보이는 성과가 자신의 연임에 유리하게 작용하리라 믿기 때문이다. 이는 협상 전략 관점에서 볼 때 애셔만 차관보가 이번의 한미 통상협정을 좋게 매듭 지으려는 시간 제약에 쫓기고 있다는 것을 의미한다. 따라서 한국 협상 팀이 지연 전략을 쓰면 애셔만 차관보와의 협상에서 상당한 성과를 얻어낼 수 있을 것이다. 두 번째로, C- TV 반덤핑관세철폐에 대해 미국 정부 내에서 상무성과 USTR 사이에 의견 차이가 있다는 점이 큰 정보라 할 수 있겠다.

어떤 의미에서 협상 과정은 일종의 정보 수집과 정보 교환의 연속이라고 해도 과언이 아니다. 정확한 정보를 바탕으로 협상테이블에서 상대에게 효율적인 요구를 할 수 있기 때문이다. 일반적으로 협상 전에 수집해야 할 기본적 정보는 다음과 같다.

- 상대의 협상 목적(What they want)
- 상대의 약점과 강점
- 상대의 협상 전략과 BATNA
- 상대의 내부 이해관계자 간의 갈등(내부 협상 전략)
- 상대의 시간 제약(Time Pressure)
- 상대 협상대표의 개인적 정보(조직 내 위치, 사생활 등)

또, 정보의 3원칙을 알아보면 다음과 같다.

1. 정보의 양–가능한 한 많은 정보를 수집하는 것이 좋다.
2. 정보의 질–허위가 아닌 신뢰할 수 있는 정보만이 협상에 활용될 수 있다.
3. 정보의 교환–정보의 흐름은 양방향이다. 즉 자신의 정보를 주어야 상대도 정보를 제공한다.

협상에서는 이처럼 정보가 큰 영향을 미친다. 코헨은 협상을 '거미줄처럼 얽혀 있는 긴장과 대립 속에서 자신에게 유리한 결과를 얻기 위해 정보와 힘을 사용하는 것' 이라고 하면서, 협상의 정의에 정보를 포함시킬 정도로 협상에서의 정보의 중요성을 강조하고 있다.

한편, 정보를 제대로 활용하지 못한 사례를 들어보자.

1970년 미국 유니버설 사의 모기업인 MCA 사는 소니와 비디오 디스크 (Video Disk)를 공동개발하고 있었다. 비디오 디스크는 녹화된 영화나 TV 프로그램을 재생하여 볼 수는 있지만 시청자가 TV를 녹화하여 볼 수는 없는 기계였다. 유니버설 사와 MCA 사의 사장직을 모두 맡고 있는 쉐인버그는 1976년 9월 소니가 VCR을 개발하고 있다는 사실을 알고 놀랐다. 만약 VCR 개발이 성공한다면 유니버설 사에 커다란 타격을 줄 것이 분명했다. 소비자들도 녹화가 안 되는 비디오 디스크보다는 VCR을 선호할 것이 당연했기 때문이다. MCA 고문 변호사에 의하면 TV 프로를 마음대로 녹화하는 VCR은 미국 저작권법에 위배될 수도 있다는 것이다. 이에 자신을 얻은 쉐인버그는 다가오는 뉴욕회의에서 소니의 모리타 회장에게 VCR의 불법성을 이야기하면 VCR 개발을 막을 수 있을 것이라고 기대했다.

며칠 후 뉴욕 소니 지사에서 열린 회의에서 쉐인버그는 모리타 회장과 진행 중인 비디오 디스크 사업에 대해서만 협의를 하였다. 회의가 끝난 후 만찬 자리에서 쉐인버그는 회의 아젠다에 들어 있지 않은 VCR 개발 문제를 불쑥 꺼냈다. 소니가 개발 중인 VCR은 미국법에 의하면 불법 장치이고 또한 VCR이 성공하면 공동개발 중인 비디오 디스크가 심각한 타격을 받기 때문에 개발을 중단하지 않으면 MCA가 이를 법원에 고소할 수밖에 없다고 위협한 것이다. 뉴욕회의에서는 비디오 디스크 사업만 협의하는 줄 알고 온 모리타 회장은 어리둥절했다. 지금까지 화기애애하게 두 회사 간의 협력 사업을 이야기하다가, 느닷없이 고소라니?

모리타 회장은 쉐인버그 사장에게 "우리 일본 기업인은 당신과 악수를 하며 다른 손으로 당신을 때리지는 않습니다. 이것이 일본 협상문화의 기본 원칙입니다. 비록 여기가 미국이라도 나는 이 원칙을 지키겠습니다."라고 말했다. 모리타 회장이 돌아간 후 소니 측으로부터 VCR 사업에 대한 아무런 회신이 없었다. 쉐인버그 사장의 원래 의도는 고소 위협을 통해 소니 VCR 사업을 협상테이블에 올려놓는 것이었지만, 뭔가 단단히 잘못된 것이다. 결국 MCA 사는 1976년 11월, 소니의 VCR 사업을 미 법정에 고소했고, 11년을 끈 이 소송은 비용만도 수백만 달러에 달했으며, MCA 사의 패소로 끝났다.

VCR 문제에 대해 소니와 MCA가 진지하게 협상을 했다면 11년간의 엄청난 소송비용 부담을 피할 수 있었을 텐데, 왜 쉐인버그와 모리타는 서로 지는(Lose-Lose) 게임을 하였을까? 여기에 대한 대답은 다음과 같다.

쉐인버그 사장의 일본 협상문화에 대한 무지 때문이다. 일본의 협상문화는 관계(Relationship)를 중시하는 전형적 고배경문화(High-Context Culture)인 반면, 미국은 당장의 협상 성과를 중시하는 저배경문화(Low-Context Culture) 이다. 쉽게 말하면 미국 협상가는 상대와의 관계와 개별 협상을 분리해서 생각한다. 아무리 오랜 기간 거래를 해온 상대라도 분쟁이 있을 경우 이를 소송을 통해 해결하는 것이 보다 신속하고 효율적이라고 생각하는 것이다. 이에 반해 좋은 관계를 유지하며 개별협상을 하려 하는 일본 협상가에게 소송(Litigation)은 거래관계의 끝을 의미한다. 가능하면 일본 협상가는 신의와 성실에 바탕을 둔 사전 조정이나 협상을 통해 분쟁이나 알력을 해결하려 한다.

마지막으로 일본 협상가의 의사전달은 암시적(Implicit)이고 간접적인 데 반해 미국 협상가는 명시적이고 직접적이다. 쉐인버그의 경우 이 같은 협상문화의 차이를 무시하고 VCR 소송전략을 썼기 때문에, 좋은 협력관계를 가진 MCA가 소니를 소송하리라고 생각하지 않았던 모리타 회장과 극과 극을 달리게 된 것이다.

이 내용을 간략하게 표로 정리해 보면 다음과 같다.

❏ **일본 협상 문화와 미국 협상문화의 차이**

	일본 협상문화	미국 협상문화
협상문화	High context 협상문화	Low context 협상문화
의사전달 방식	관계 중시	직접적 협상 성과 중시
관계의 중요성	암시적, 간접적	명시적, 직접적
계약 개념	관계와 개별협상을 함께 고려	관계와 개별협상을 분리
계약 의무	신의 성실에 의한 계약의무 명시	분쟁의 법적 해결방법을 명시
소송	관계의 종말	분쟁의 효율적 해결수단에 불과함

협상을 하기 전에 정보 수집이 얼마나 중요한지를 이 사례를 통해서도 알 수 있다. 협상에서 정보는 현찰과 같다. 요컨대 정보는 곧 승리의 비결이다. 정보가 있어야만, 협상에서 승리하는 계획을 세울 수가 있는 것이다. 누군가가 이렇게 말한 적이 있다. "계획을 세우는 데 실패한다면, 실패하도록 계획을 세우고 있는 것이다"라고.

〉〉〉 정보 수집의 핵심 요소

협상가가 협상테이블에 나가서 바로 업무에 돌입하는 것은 저단수의 협상가들이나 하는 행동이다. 고단수의 협상가들은 일단 분위기 조성을 중요하게 여긴다. 분위기 조성을 하는 데는 상대방의 관심사에 초점을 맞추는 것이 가장 좋다. 따라서 관련 기업의 정보를 파악하는 것은 필수 요건이다.

기업에 대한 정보로는 첫째, CEO에 대한 정보를 파악하고 있어야 하며, 홈페이지 이외의 자료들로 최근 언론이나 보도자료 등을 파악해 두는 것 또한 기본이다. 둘째, 기업의 경영이념이나 비전은 구성하고 있는 집단의 성향을 가늠할 수 있으므로 숙지하고 있어야 할 사항이다. 셋째, 기업의 매출 부분이나 신제품 출시, 그리고 외부에서 경험한 기업의 이미지 등의 정보를 정리해 두어야 한다. 넷째, 협상할 주제에 대하여 내용을 숙지하고 최소한 SWOT(장점과 단점, 기회와 위협요소) 분석을 통한 전략을 계획하여야 한다.

다섯째, 선례를 찾아서 성공과 실패요인을 분석해 두어야 한다. 변호사들도 사건을 수임하기 전에 판례를 찾아본다. 회사나 조직에서 이미 있었던 사례들을 찾아보는 것은 당신의 성공을 돕는 데 많은 기여를 할 것이다. 특히 관공서나 보수적인 집단과의 협상에서는 선례의 정보를 인쇄된 상태 그대로 소지하고 가는 것이 두 번 걸음을 방지할 수도 있을 것이다.

여섯째, 협상담당자나 핵심 영향자(최종 의사결정을 할 사람)에 대한 정보를 확보하는 것인데, 우리 사회에서는 아직도 이 부분이 의외로 높은 포지션을 차지하고 있다는 것을 고려해야 한다. 가장 강조하고 싶은 부분 역시 이 핵심 영향자를 미리 파악하는 것이다. 대부분의 사람들이 판매나 협상테이블에서 실패하는 이유가 담당자에게만 목숨을 걸고 있기 때문이다. 담당자는 당신의 서류를 그저 받아서 전달하는 역할을 하고 있을지도 모른다.

핵심 영향자를 파악하지 못했으면 단 한 장의 서류도 작성할 필요가 없다. 왜냐하면 남들을 위해 당신이 들러리를 서든지 아니면 책상 어느 구석에 먼지 쌓이는 서류로 방치되어 있을 것이기 때문이다. 지금부터 당신이 협상력을 높이려면 핵심 영향자가 누구인지를 찾고 난 다음 협상테이블에 나가길 바란다.

마지막으로 당신을 도와서 성공확률을 높이는 데 도움을 줄 수 있는 코치를 찾아 두는 것도 잊지 마라. 코치는 상대의 내부에 있을 수도 있고, 외부에 있을 수도 있다. 코치라 함은 당신이 지니지 못한 부분을 해결할 수 있는 지인을 말하는 것이다.

>>> 영향력을 행사하는 사람들

만약 당신의 회사가 컴퓨터 프로그램을 개발하여 큰 기업에 납품하는 회사라고 가정해 보자. 모 중견기업의 구매부서에는 당신의 대학 동기가 과장급으로 있고, 부장과도 인사를 나눈 적이 있다. 편의상 당신의 회사를 '을'이라 칭하고, 동기의 회사를 '갑'이라 칭하자. '갑'은 심각한 컴퓨터 바이러스 감염을 사전에 예방하기 위한 프로그램이 필요했다. 여러 회사에 문의하던 중 마침 대학 동기들을 통하여 당신이 근무하는 '을'사가 그와 관련된 업무를 한다는 것을 알고 친구가 문의를 해 왔다. 당신이 직원회의에서 '갑'사에서 찾고 있는 프로그램에 대해 소개했더니 이미 개발부서에서 최신 버전으로 개발된 프로그램이 있다는 것이다. 당신의 동기가 있다는 사실과 전에도 납품했던 회사라는 이유를 들어 회사에서는 당신을 담당자로 지명했다.

그렇다면, 당신이 이러한 상황이라고 가정하고, 지금까지 했던 방식대로 업무 프로세스를 기록해 보라.

❏ 정보수집의 핵심요소

CEO에 대한 정보
기업의 경영이념이나 비전
매출, 신제품, 기업의 이미지
협상 주제에 대한 SWOT 분석
선례에 대한 조사와 분석
협상담당자와 핵심영향자에 대한 정보 파악
내가 지니지 못한 부분을 도와줄 코치 확보

아마도 당신은 구매부서의 과장인 대학 동기에게 관련 자료와 견적서를 제출하고, 멋진 식당을 찾아가 맛있는 식사를 하면서 그간의 안부들을 나누며 일이 잘 처리될 수 있도록 부탁을 하고 돌아올 것이다. 그리고 당신은 이런 생각을 할 것이다. '이번 납품 건은 친분 관계가 있는 대학 동기가 요청한 것이니, 그 친구가 모두 알아서 처리해 줄 것이다.' 라고. 그리고 2~3일 쯤 지나 당신은 안부인사 차 친구에게 전화를 걸어 진행사항을 물어볼 것이다. 당신 회사 사장은 평소와는 다른 관대함을 당신에게 보일 것이다. 납품 액수가 큰 건이라 확실하게 납품이 성공될 수 있도록 당신을 독려하며 지원을 아끼지 않을 것이다. 몇 차례 저녁식사를 겸해 '갑' 사의 동기를 만나 술자리를 하고, 한 번 정도는 구매부서의 부장을 모셔 안정성

을 확보하기 위한 자리를 함께 했을 것이다. 당신 회사의 사장이 당신에게 걸고 있는 큰 기대에 대해서도 친구에게 털어 놓았을 것이다. 왜냐하면 직접적으로 친구를 압박하기는 어렵기 때문이다.

❏ 기존부터 해왔던 당신의 업무 프로세스 작성

1.

2.

3.

4.

5.

6.

7.

지금까지는 지극히 일반적인 판매와 협상 과정이었을 것이다. 그러나 문제는, 결과가 다른 회사로 넘어갔다는 데 있다.

갑에 근무하는 대학 동기는 자신의 안정성을 확보하기 위하여 3개 사에서 견적을 받아 검토하였다. 그리고 전산실 책임자와 구매 담당자, 구매부 부장, 대표이사가 참석한 가운데 프로그램 선정을 위한 최종 회의가 열렸다. 물론 담당자인 친구나 부장은 당신에게 대접받은 식사와 친분 등을 생각해 강력하게 당신 회사의 제품을 추천했다. 더욱이 부장은 사전에 당신 회사의 프로그램에 대해 사장에게 귀띔을 해둔 상태였다. 어찌 보면 뚜껑은 열어보나마나 한 게임이었다. 그러나 결과는 어떤가? 이런 정황에도 불구하고, 승리의 여신은 다른 회사의 손을 들어줬다. 이유는 단 하나. 이

건에 대하여 의사결정을 할 수 있는 사람은 전산실에서 프로그램을 관리하는 사용권자이다. 사용권자가 '을' 사의 프로그램보다 자신들의 기존 프로그램과 호환성이 좋은 모 사의 프로그램을 추천한다면, 컴퓨터 프로그램에 대해 문외한인 대표이사는, 직접 프로그램을 설치하고 사용하는 사용권자들의 의견에 따를 수밖에 없는 것이다. 이것이 바로 협상력에 있어 '핵심 영향자 파악'이 중요한 이유이다.

코치란, 나의 성공을 지원할 목적으로 내부 또는 외부에서 나의 단점이나 약점을 보완해 주거나 도와주는 사람을 말한다. 위에서 소개한 사례는 다행히 내부에 여러 사람을 이미 알고 있는 상황이지만 전혀 아는 사람이 없고 정보도 없는 경우라면, 내부적인 사정이나 의사결정에 영향력을 행사할 수 있는 사람(들)과 선이 닿아 있는 지인을 통해 문제를 풀어 나가는 것이 훨씬 좋은 성과를 얻을 수 있다는 사실을 알아야 한다.

❏ 의사결정에 영향력을 행사하는 사람들

자금을 집행하는 영향력 행사자
직접 물건을 사용하는 영향력 행사자
상품에 대한 기술력을 점점하는 영향력 행사자
나의 성공을 지원할 수 있는 내·외부 코치

- 제가 여러분에게 1만 원을 드리겠습니다.
- 두 분이 나누는데 단, 조건이 있습니다.
- 5:5로 나누지는 마십시오.
- 서로가 만족할 수 있는 최고의 협상방법을 연구해 주십시오.
- 시간은 3분을 드리겠습니다.

당신의 선택한 방법은 무엇입니까?

A	( )
B	5.01 : 4.99
C	4 : 4 (2 · 동전 앞, 뒤)
D	6 : 4

- 자신의 이익을 극대화 하라
- 협의 방법을 찾아라
- 자기이익만을 챙기지 말라
- 기발하게 생각하라
- 협상의 몫을 늘려라

위에서 제시하는 조건을 자세히 읽어 보기 바란다. 1만 원을 두 사람이 나누어 가지되, 5:5로는 나누지 말라는 규정을 정했다. 5:5로 나누지 않고 서로 두 사람 모두가 만족하도록 나누는 것이다.

협상에서는 자신의 이익을 극대화 하여야 한다. 그리고 상대의 이익도 극대화 하여야 한다. D처럼 6:4로 나눌 경우 4를 받은 사람은 6을 가진 사람과 두 번 다시 거래를 하려고 하지 않을 것이다. C의 경우도 그와 같은 입장이 된다. 4:4로 나누고 나머지 2는 동전을 던져 앞이 나올 경우 누군가 갖기로 했다면 한 사람은 6이고 다른 사람은 4가 된다. 적게 받아 기분 좋을 사람이 없으니 이 또한 D와 같은 결과를 낳는다. B의 경우 0.01의 차이를 두고 있긴 하지만 금액이 1만 원이 아닌 억 단위가 넘는다면 어떻게 할 것인가? 또는 회사를 경영할 수 있는 지분이라고 한다면 0.01이라도 많은 사람이 경영권을 행사하게 된다. 당신이라면 0.01을 포기할 것인가?

지금까지는 누구나 할 수 있는 협상 방법이다. 5:5로 나누지 않고 서로의 이익을 극대화 하기 위하여 당신은 기발한 생각을 해야 한다. 당신의 목적을 이루기 위해서는 협상의 몫을 늘려야 한다. 대부분의 사람들은 이렇게 이야기했다. "4:4로 나누고 나머지 2를 가지고 로또(투자)를 사겠다. 그런 다음 당첨이 되면 나누겠다." 당신도 이와 같은 생각을 하진 않았는가?

이제 정답을 이야기해 보자. 6:5나 6:6으로 나눠라. 6:5는 어떻게 만들어 지는가. 한 사람의 주머니에서 1천 원을 보태면 1만 1천 원이 된다. 1천 원을 낸 사람에게 6을 주고 나머지 한 사람이 5를 가져라. 기여한 사람에게 기여한 만큼을 보상하는 것이다. 6:6이라는 발상은 모 회사 교육 때 실제로 나온 아이디어였다. 1만 원을 받아 교육장 밖에서 담배 4갑을 산 후, 교육생들에게 3천 원을 받고 팔겠다는 것이다. 이틀간 교육장 안에서만 있어 담배가 떨어진 사람이 많았었는데, 담배를 사서 1만 2천 원을 만든 후 6:6으로 나누겠다니 얼마나 기발한 생각인가. 필자는 그 사람에게 1만 원을 지불했다.

✔ 〈2단계〉 분석·계획·대안을 수립하라

⟫⟫ 분 석

수집된 다양한 데이터를 분석하여 정보가 되도록 가공하여야 한다. 출처가 명확하고 활용 가능한, 최신 버전의 정보를 사용하는 것이 손실을 줄일 수 있다.

❏ 분석·계획·대안을 수립하라

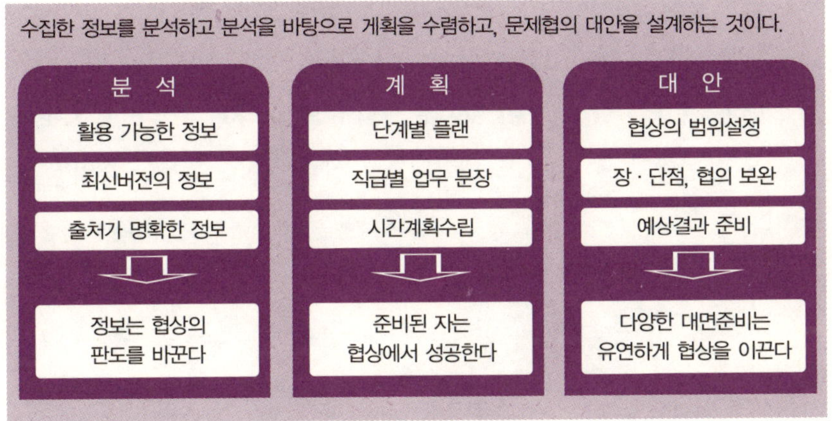

이미 앞에서도 잠깐 언급했었지만, 협상에 있어서 '정보'란 것은 협상의 판도를 바꿀 수 있다. 타이어를 수입하는 업체에서 있었던 일이다.

두 회사가 일본산 타이어를 수입·판매하고 있었는데, A회사는 판매가격이 7만 원이고, B회사는 12만 원이나 되었다. 소비자들은 똑같은 일본 제품이고 브랜드 가치 또한 큰 차이가 없었기 때문에 A사 제품을 더 선호하였다. B사는 고민 끝에 일본 본사에 수입 원가를 내려줄 것을 요청하기로 결정하고 A사의 정보를 수집하기 시작했다. 여러 경로를 거쳐도 수입 원가를 알 수 없자 B사의 담당자는 A사의 쓰레기통을 뒤지기 시작했고, 4일 만에 갈기갈기 찢어진 타이어 원가표를 찾아냈다. 그것을 그대로 코팅하여 일본 본사로 가지고 들어가 협상을 벌인 결과, 18%라는 엄청난 비용을 줄일 수 있었다.

다음은 필자가 직접 겪었던 경험담이다.

IMF 이후 대한민국에는 IT산업 붐이 일고 있었고, 세계는 우리를 IT산업의 강국이라 칭했다. 하지만, 외국 기업들은 헐값으로 우리 기술을 사들이고 싶어 했던 때였다.

어느날, 선배로부터 급한 연락이 왔다. 미국에서 바이어가 프로그램을 계약하러 오는데 어떻게 해야 할지 모르니 도와 달라는 것이었다. 자초지종을 듣고 협상의 프로세스를 대략적으로 설계했다. 2년 동안 투입된 개발비와 회사 이익을 감안해 한화로 10억 원을 요구하기로 하고, 9억 5천만 원을 데드라인으로 정했다.

당일 공항 픽업은 필자가 맡기로 했다. 미국 담당자는 건장한 체구에 만능 스포츠 맨 같은 인상을 풍겼다. 강남에 위치한 사무실까지 오면서 나는 두 가지를 물었다. 먼저 언제 돌아갈 것인가와 비행기 티켓이 왕복인지를 물었다. 그는 4일 후 오후 1시 비행기로 돌아갈 것이며, 왕복권을 준비해 왔다고 했다. 두 번째로 운동을 좋아하느냐고 물었다. 골프 경력이 15년이며 싱글 수준이라고 했다.

선배에게 저녁식사 후 협상전략을 말했다. "내일부터 제주도로 가서 한라산에서 스키도 타고 골프를 치다가 출국 전날 저녁에 서울로 돌아오겠다. 그 사이에 일에 대한 미팅은 전혀 없다!" 황당한 이야기 같지만 "협상을 하지 않는 것도 협상이다!"라는 말도 있다.

필자의 전략을 전혀 모르고 있는 미국 담당자는 다음날 제주도 사진을 보고 무척 좋아했다. 한라산 정상에 내린 자연 눈 위에서 스키도 타고 오후에는 골프장에서 골프를 쳤다. 저녁에는 파도 소리 들리는 해안 절경에 앉아 와인을 곁들인 근사한 저녁을 대접했다. 그 다음날 오전에는 골프를 치고 야외 온천을 즐기며 하루를 보냈다. 3일째 되는 날, 제주도 특산물들을 한보따리 사 들고 서울로 올라왔다. 저녁에 그가 계약에 대하여 물어왔다. 4일째 되는 날 그가 오후 1시 비행기를 타야 된다는 것은 중요한 정보였다.

마지막 날, 미국 담당자에겐 이제 1시간의 여유뿐이었다. 그는 서둘렀다. 우리는 그동안 개발비에 투입된 증빙 자료들을 테이블 위에 올려놓았는데, 큰 박스로 2개나 되었다. 컴퓨터엔 개발된 프로그램을 시험 가동시켰다. 그가 먼저 50만 달러를 제안했다. 협상의 원칙 가운데 이런 것이 있다. "돈 얘기는 절대 먼저 하지 마라!" 우리는 95만 달러를 부르고 증빙자료들을 꺼내기 시작했다. 그는 88만 달러에 계약을 하고 오후 1시 비행기로 떠났다.

>>> 계 획

데이터를 분석하여 활용할 정보가 가공되었다면 협상할 계획을 세워야 한다. 협상 계획도 단계별로 해야 한다. 단계별로 계획하는 것은 두 가지 유형이 있다. 첫째는 한 사람이 여러 차례 나누어서 협상을 진전시키는 것이다. 둘째는 직급별로 업무분장을 하여 협상의 질을 높여가는 방법이다.

먼저, 한 사람이 협상의 준비에서부터 종료까지 접근해 가는 방법으로 아래의 6단계 접근 방법을 참고하기 바란다.

두 번째로 직급별로 업무를 분장하여 진행시키는 유형으로, 최초 준비는 팀 전원이 참석하여 정보를 공유하고, 시작은 대리급 정도의 사원이, 업무분장을 연구하고 테스트는 과장급이, 홍정은 팀장급, 종료는 최고 경영자(CEO)가 나서는 방법이다.

주의할 것은 홍정부분이다. 최종 의사결정을 앞두고 있는 단계이므로 심사숙고해야 한다. 홍정할 때 나타나는 현상으로는 상대방의 위험제거와 고통제거를 고려하여야 한다. 일방적으로 나만의 이익을 챙기는 데 급급하다 보면 자신의 입지는 점점 좁아지게 된다. 위기에는 작은 것을 주고 큰 것을 얻는 순발력이 필요하다. 상대는 위험이나 고통이 제거되지 않으면 모든 것을 포기할 수 있다. 이러한 때 데드라인을 명확하게 정하고 이익과 손해의 가치판단을 정확히 해야 한다. 리스크를 배팅해야 할 경우 다른 대안을 요구하라.

철저하게 계획되지 못하고, 내부 갈등으로 인하여 실패한 사례를 한가지 소개하고자 한다.

1999년 휴렛 팩커드(HP)의 CEO로 부임한 칼리 피오리나의 시작은 화려했다. 다우존스 지수에 편입된 대기업 가운데 첫 여성 CEO이며, 매력적인 금발에 뛰어난 패션 감각을 갖춘 그녀는 전 세계 미디어의 표지를 장식했다. 피오리나는 HP에 밝은 미래를 열겠다는 다짐으로 화답했다. 그녀는 CEO로 선임된 직후, 5년 연속 적자를 면치 못하고 있던 HP의 주주들에게 15% 매출 증가를 약속했고, HP에 '제2의 인터넷 시대'를 열겠다고 다짐했다.

하지만 실적 부진으로 이사회와 잦은 마찰을 빚었고 그러면서도 피오리나는 여러 가지 개혁을 단행하면서 2001년에는 컴팩(Compaq)과의 합

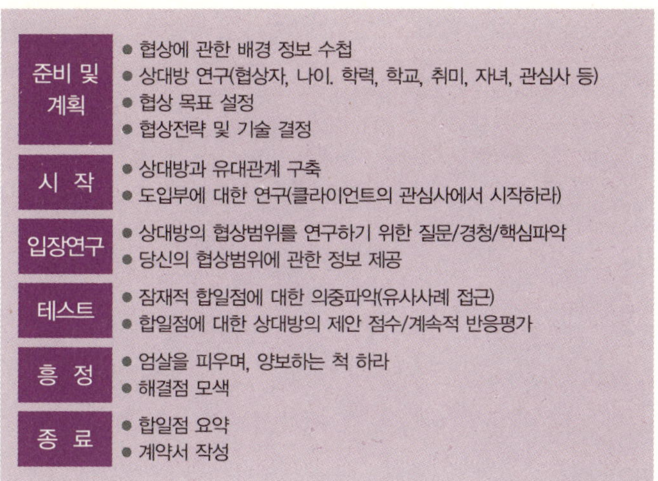

병을 추진하게 된다. 그러나 투자자들은 합병에 대한 우려를 나타냈고 이것은 주가 폭락으로 이어졌다. 2001년 10월 17일까지 HP는 22%, 컴팩은 20%가 하락하였다. 하지만 피오리나는, PC 부문에서 델(Dell)을 따돌리기 위해서는 컴팩과의 합병밖에 방법이 없다고 역설하면서 190억 달러를 들여 컴팩 인수를 강행했다.

투자자들의 압박에 시달리던 피오리나는 HP 이사회의 이사이자 창업자의 아들인 월터 휴렛의 반대에 부딪치게 된다. 2001년 11월 휴렛 가문의 월터 휴렛이 주주총회에서 합병에 대해 반대표를 던지겠다는 의사를 밝힌 데 이어, 팩커드 가문의 아들인 데이비드 팩커드도 다음날 반대의사를 발표했다. 월터 휴렛은 컴팩과의 합병이 HP의 노른자위 사업인 프린터 사업을 약화시킬 것이라고 강하게 반박했다. 그리고 HP 이사진들을 상대로 합병 반대 캠페인을 시작했다. 합병을 위한 비용절감으로 1만 5천 명의 정리해고자가 나올 것이라고 우려하며, 이것을 막고 HP의 독특한 기업문화를 보존해야 한다고 주장했다. 더욱이 컴팩과의 합병은 HP 주주들의 이익을 침해할 것이라고 주주들을 설득했다.

이에 맞서 피오리나는 HP 사원들을 설득하고 신문에 합병 반대 진영을 공격하는 광고를 내는 한편, HP 주주들에게도 합병을 지지하는 서한을 보냈다. 그리고 합병이 성사되면 받게 되는 보너스를 포기한다고 밝혀 CEO의 개인적인 이익을 위해 합병을 시도한다는 월터 휴렛의 주장에 맞섰다. 이를 지켜본 대주주들은 회사의 미래를 위해 비전을 제시하는 피오리나를 지지하기 시작하였다. 이 합병을 성사시키지 못하면 CEO에서 물러나야 할 것 같은 분위기가 형성되던 가운데, 2002년 3월 19일 HP 주주총회의 합병 승인, 3월 20일 컴팩 주주총회의 합병 승인으로 (근사한 표 차이로) 피오리나 측이 승리했다.

하지만 월터 휴렛은 물러서지 않고 컴팩 합병을 승인한 주주 투표의 결과는 무효라고 주장했다. 휴렛은 컴팩 합병에 반대 입장이던 대주주 도이치뱅크가 투표 당일 아침, 피오리나의 전화를 받은 후 찬성으로 돌변한 것은 그녀가 압력을 행사했기 때문이며, 또 합병의 부정적인 면을 지적한 자료를 투자자들에게 공개하지 않아 투표가 왜곡됐다고 주장하고 나선 것이다. 하지만 정황 증거 부족으로 소송이 기각되면서 이 사건은 마무리된다.

이것은 기업 내부의 이해 관계자들의 갈등 관계를 잘 보여주는 사례라고 할 수 있다. 이러한 갈등 구조 속의 협상에서 승리한 쪽은 피오리나였다. 월터 휴렛이 주주들의 이익을 위해 합병을 반대하고 피오리나를 개인적으로 깎아 내리는 전략을 펼쳤지만, 피오리나는 그러한 주장에 대응하면서 자신의 이익보다는 회사의 미래를 위해 합병이 필요함을 피력했다.

눈앞의 수익성보다는 시장의 변화에 대처한 합병이라고 주장한 것이 협상에서 이길 수 있었던 전략이었다. 이러한 전략의 차이가 피오리나를 주주총회에서 이길 수 있게 하였고, CEO로서의 입지를 확고히 하는 계기가 되었다.

하지만 HP-Compaq의 합병은 당시에는 피오리나의 승리로 비춰졌지만, 2005년 현재 피오리나는 HP를 사임한 상태이다. 2002년 컴팩을 인수할 당시 피오리나는 2004년쯤에는 PC부문에서 나오는 영업이익이 HP 전체 매출의 3% 가량 될 것이라고 장담했었다. 프린터 부문의 이익도 2002년보다 11~13% 증가할 것이라고 예견했었다. 하지만 지난해 PC 부문의 영업이익은 매출의 1%에도 못 미쳤다. 컴팩 인수 후 PC 부문은 고급 모델을 선보이는 IBM과 저렴한 모델로 승부하는 Dell 사이에서 방향성을 잃었다는 평가를 계속 받았다. 컴팩 인수는 피오리나를 스타 CEO 반열에 오르게 했지만 결국 3년 후 자신의 몰락을 불러온 부메랑이 된 셈이다.

계획을 세우더라도 전체 조직원의 내부 승인 절차를 무시해서는 큰 손실을 볼 수 있다는 것에 주의해야 한다. 내부 승인 절차를 정확하게 설계하여 단계를 밟는 것은 조직원 스스로를 계획에 자발적으로 참여시킬 수 있다는 점에서 유리하며, 공동체 의식을 갖게 하는 데도 큰 도움이 된다. 계획 수립은 명확한 비전을 제시하여야 하며, 한 사람 한 사람의 의견들이 반영되어야 하고, 자신들의 의견이 중시되고 있다는 인식을 갖게 만들어야 한다. 이러한 절차 이후에 조직원들은 보다 적극적인 태도와 행동으로 지지하게 되며, 자발적인 참여를 보인다는 점을 명심하여야 한다.

시중에서는 외환은행 매각을 두고 의견들이 분분하다.

1997년 제일은행 매각협상을 진행할 때 뉴브리지캐피털을 우선협상자로 선정한 후 그들에게 계속 끌려 다니면서 막대한 국민혈세를 넘겨줬던 오류가 외환은행 매각과정에서도 재연될까 심히 우려스럽다.

최근 외환은행 매각을 진행중인 론스타(지분 50.53%)에 끌려다니는 우리나라 금융기관과 이 과정에서 수수방관하는 한국 정부를 볼 때 매각의 대안이 절실하게 필요하다.

론스타는 금년 6월까지 외환은행을 매각완료 하겠다는 방침을 세우고 국민은행, 하나금융지주, 싱가포르개발은행(DBS), HSBC 등 4곳을 협상 대상자로 참여시키고 있다.

론스타는 우선협상자를 복수로 선정하여 하나의 인수기관이 써낸 가격을 상대편에 제시한 후 더 높은 가격을 유도해 내는 '경매호가식 입찰방식(Progressive Deal)' 으로 매각 가격을 극대화 하는 전략을 취할 것으로 알려졌다. 이런 매각과정을 반복한다면 국민은행을 비롯한 협상참가자들의 과열양상이 전개되면서 은행매각 가격이 천정부지로 치솟을 것으로 예상된다.

이런 경우 대 주주사인 론스타는 2년 만에 수조원의 차익을 챙길 것으로 보이는데 이에 대한 대안은 무엇일까?

첫째, 무분별하게 달라붙는 각종 경쟁자들을 자제시켜야 한다.

둘째, 보다 천천히 진행함으로써 은행의 적정 가치가 시장에서 형성될 수 있도록 기다릴 필요가 있다.

셋째, 협상하지 않는 것도 협상이다.

✔ 〈3단계〉 협상범위 & 데드라인

협상의 범위를 설정해야 한다.

범위는 목표선이 있고 한계선이 있다. 목표선은 우리가 요구하는 최고의 가치이며, 한계선은 최저의 가치다. 데드라인은 목표선과 한계선 사이에 존재해야 하며, 협상테이블에 나가기 전에 내부적으로 목표선과 데드라인을 명확하게 정해 줘야 한다.

사용하던 차를 중고시장에 팔기로 했다. 세차장에 들러 세차를 하고 내부도 깨끗하게 청소하고 왁스칠을 했다. 중고시장 입구에 도착하니 낯선 사람이 차 값을 물었다. 중고차 가격을 미리 인터넷에서 확인한 결과 '상급-1,050만 원, 중급-1,000만 원. 하급-950만 원' 이었다.

협상의 범위는 1,050만 원에서 950만 원이다. 목표선은 1,050만 원이었으며, 데드라인은 1,000만 원이었다. 얼마에 팔겠느냐고 물었다. "돈 얘기는 절대 먼저 하지 마라!" 이를 염두에 두고 얼마에 사겠느냐고 물었다.

□ **협상범위 & 데드라인**

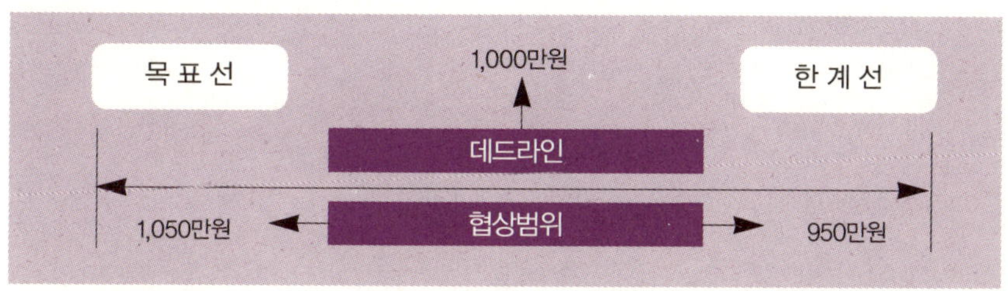

왁스를 칠하고 내부가 깔끔했던 터라 상대방은 관심이 많았다. 한눈에 업자가 아님을 알 수 있었다. 이유는 그 사람의 흥분된 표정을 읽었기 때문이다. 1,000만 원을 제시했다. "첫 제안에 'Yes!' 하지 마라!" 관심 없다는 듯 대꾸도 하지 않고 그냥 가려는 제스처를 취했다. 상대의 첫 제안에는 엄청난 정보가 포함되어 있기 때문에 상대가 먼저 제안하도록 해야 하며, 또한 상대의 첫 제안에는 마음 편하게 "No"라고 말해도 좋다. 급기야 상대방은 다급하게 1,100만 원을 제시했다. 결국 목표선보다 50만 원을 더 받았다.

차를 청소하지 않고 그대로 가지고 갔다면 아마도 1,000만 원 정도를 받았을 것이다. 먼저 목표선인 1,050만 원을 제시한 후 끌고 당기다 보면 1,000만 원 정도에서 거래가 성사되었을 것이다.

대안이 없었던 사례 중에서 GM자동차와 대우자동차의 M&A사례를 들지 않을 수 없다.

1998년 대우그룹이 해체와 함께 워크아웃(기업의 재무 구조 개선작업) 체제에 돌입함에 따라 매각 논의가 진행되기 시작하였다. '대우'라는 부실기업의 희생을 위한 매각이라고 볼 수 있으며, 또한 정부, 채권단, 투자자, 자본가, 경영자, 노조 및 근로자, 지역주민 등과 같은 수많은 관계자가 이 인수과정에 포함됨에 따라 지역경제 문제와 채권 및 공적자금의 회수라는 측면에 있어서도 대우자동차의 해외 매각 협상은 꼭 필요한 절박한 상황이었다. 1999년 12월 13일 GM이 대우에 대한 인수의향서를 제출한 시점부터 이 협상은 본격적으로 이루어졌다.

1999년부터 2000년까지는 대우에 유리한 협상이 이루어지고 있었다. 대우가 유리한 협상 고지를 점한 이유는 무엇일까? 이유는 간단하다. "아쉬운 사람이 지고 들어간다!"는 협상의 원칙 때문이다. GM은 아태시장 점유율을 높이길 희망했다. 그러기 위해서는 아태지역 생산구조에 적합한 중소형 승용차 부문이 필요한 상황이었다. 그리고 이 시기에는 대우자동차의 인수를 희망하는 세계적인 자동차 회사가 포드사를 포함해 5군데나 있었기 때문에 GM이 협상에서 절대적으로 유리한 위치는 아니었다. 대우는 이 5개 회사 중 포드를 자신들의 협상 대상자로 내부에서 이미 확정해 버린 상태였고, 이 협상에 대해 조금의 의심도 갖지 않았던 터라 협상이 실패했을 때의 대안에 대해서는 생각해 놓지 않고 있었다. 그렇기 때문에 2000년 9월 포드가 인수 포기 선언을 했을 때, 대우는 당황했으며 어떻게 해야 할지 모르는 상황에서 마음만 급해졌다. 따라서 10월 7일, GM이 다시 인수의향서를 제출했을 때는 GM이 협상력의 유리한 고지에 설 수 있었던 것이다.

그런데 단지 협상 우위에 있었다는 이유만으로 GM이 대우를 헐값에 인수할 수 있었을까?

거기에는 협상력에 대해 전혀 준비가 되어 있지 않은, 한국식 계산법만이 존재하고 있었다. 사실 대우를 비롯한 수많은 채권 관계자들은 대우 자산에 대한 가치 분석을 제대로 해놓지 않고 있었다. 그렇기 때문에 정확하고, 논리적으로 자신들의 가치를 내세울 수 없었으며, 협상테이블에서 제대로 된 목소리를 내기가 힘들었다. 또한 시간이 흐를수록 가치가 떨어질 것이라는 GM의 생각은, 시간을 지연시키는 협상전략을 구사함으로써 대우 측의 애를 태우며 자신들이 처음에 제시한 가격보다 훨씬 낮은 가격을 제시해 헐값으로 대우를 인수하려는 계획으로 이어졌다. 그러나 수렁에 빠졌던 대우자동차의 구사회생과, 기다리다 못한 한국 측의 최후통보

(Take it or Leave it), 대우를 살려 보자는 한국정부의 의지 등과 같은 예상치 못했던 변수로 인하여 2001년 5월, 협상이 재개되는 국면으로 접어들었다. 이 협상에서 GM은 대우에게 '선별적 자산 매입 전략'과 '구조조정 선행 전략'을 통고한다. 손 안 대고 코 푸는 격으로, GM은 좋은 자산만을 매입하려고 했으며, 추후에 문제가 생길 가능성이 있는 부분에 대해서는 인수 전에 대우 측에서 해결해 줄 것을 요구했다. 이를 통해 인수 후에 일어날 수 있는 여러 민감한 문제들에 직접 나서지 않아도 되게 되었다.

> 우리는 대우자동차의 정상화(처분이 아니다)를 위한 모든 조치를 원점에서 다시 강구할 것이며, 물론 공기업화와 해외 처분도 고려의 대상으로 생각하고 있다.

만약 우리 정부에서 위와 같이 단 두 줄의 문장이라도 주장했었더라면 이 협상이 그처럼 일방적으로 끝나지는 않았을 것이라 생각된다.

GM과 대우의 협상이 시사하는 바는 무엇인가? 한가지로 압축해 보면 협상력에서 중요한 것은 '정보력'과 '대안'을 미리 마련해 놓으라는 것이다. 대우에 대한 자산평가를 제대로 해서 협상테이블에 앉았다면 2억 5천만 달러라는 헐값에 대우를 넘기는 일은 일어나지 않았을 것이다. 또, 포드사가 인수를 포기할 경우 어떻게 할 것인가에 대하여 내부 논의가 있었다면, 포드의 인수 포기 후에도 당황하지 않고 미리 마련해 둔 차선의 시나리오대로 협상을 이끌어 더 나은 결과를 얻어낼 수 있었을 것이다.

우리는 위 사례에서처럼 자산평가도 하지 않은 채 그저 외국 기업에만 의존해 매각하려는 한국식 협상법을 버려야 한다. 또한, 상대에 대한 정보

수집 부족, 협상에 대한 경험 부족 등의 고질적인 문제도 더 이상 답습되어서는 안 될 것이다.

어떤 광고의 한 장면이다. 담임선생님이 4명의 학생들 앞에 아이스크림 3개가 담겨 있는 접시를 놓고 누가 먹을 것인지 협상해 보라고 했다.

A: 네가 양보해.

B: 싫어.

C: 우리 반 환경미화 내가 다 했잖아.

D: 야, 체육대회는 누구 때문에 이겼는데.

A: 너희들 봉사활동 한 적 있어?

B: 내가 너희들보다 봉사활동 많이 했다.

  (~~서로 눈치를 보고 있다.~~)

D: (A를 가리키며) 네가 양보해.

A: 나는 못해.

  (~~시간이 지나 아이스크림이 다 녹아 버렸다.~~)

이 짧은 광고에서 아무도 아이스크림을 먹지 못했고 결국 녹아서 버렸다. 자기의 이익만 챙기기에 급급하면 아무것도 얻지 못할 수 있다.

조금 더 얻기 위해 다 잃어버리고 있지는 않는가?

대화와 타협은 함께 사는 지혜다.

✔ 〈1단계〉 관심사로부터 시작하라

협상 진행 중 첫 단계는 상대방의 관심사로부터 시작하는 것이다. 미국 사람들이 한국 사람들과 협상을 할 때 가장 기본적으로 쓰는 상투적인 수법이 상대방의 기분을 높여 주는 것이라고 한다. 이를테면 "당신 잘 났

❏ 관심사로부터 시작하라

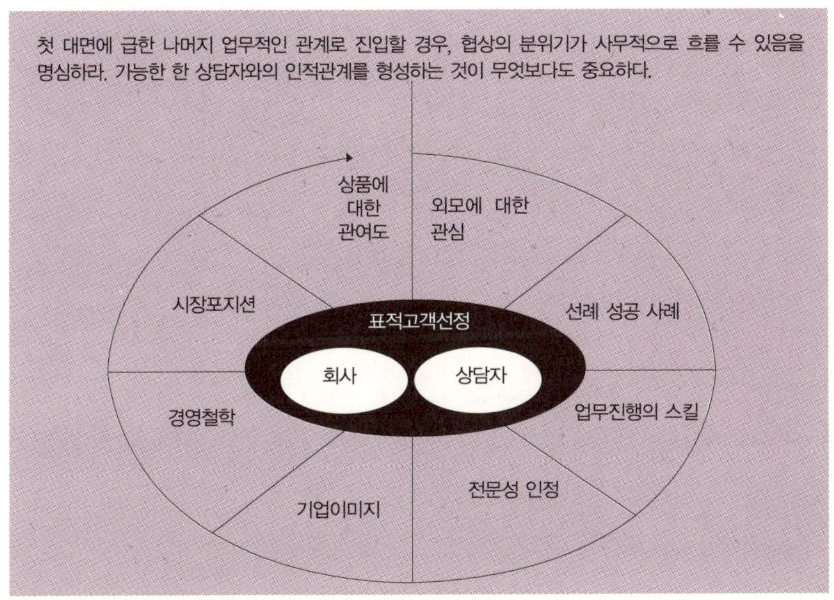

어.", "당신이 제일 똑똑해.", "한국의 명문대를 졸업하셨군요." 하는 식의
얘기들 말이다. 한국 사람들은 기분이 좋고 나쁘고에 따라 협상의 성패가
달라진다는 것을 알고 있기 때문이다. 또한 한국 사람들은 '체면'을 중요
시 여긴다는 것을 알고, 거절할 수 없는 명분을 만들어 공략을 한다고 한
다.

모 회사에서 강의 요청이 있어 회사를 방문하게 되었다. 외부 전문강사
를 불러 비싼 비용을 지불하는 교육은 처음이다 보니 사장이 강의할 선생
을 만나고 싶어 한다는 연락이 왔다. 사장실 한쪽에는 진열장이 있었는데
해병대 소장품으로 가득했다. 이런 사람은 협상하기 좋은 상대다. 군대 이
야기로 시작하면 간단하다. 사장은 훈련병 시절 죽음 직전까지 갔었다는
것과 무장공비를 잡았다는 데까지 이야기하다가 갑자기 물었다. "그런데
어떻게 오셨습니까?" 이쯤대면 사장의 이야기를 열심히 경청하고, 적절하
게 맞장구를 쳐준 상대를 이성적으로 판단하여 교육에 관련된 심도 깊은
질문을 하거나 최종결론이 "어렵겠습니다."라는 의사결정을 하기 어려우
며, 뜻한 목적을 이룰 수 있다고 본다.

모 기업의 사장실에서 만나자는 연락이 와서 가 봤더니, 사장실 한쪽
벽에 골프 퍼팅연습 기구가 놓여 있었다. "골프를 하시나 봅니다." 했더니
족히 1시간을 골프 이야기를 한다. 물론 교육 이야기는 5분 이내에 완결
짓고 나왔다.

가장 까다로운 경우는 책상 위가 깨끗하게 정리되어 있고, 주변에 아무
것도 없는 사람들이다. 이들은 협상하기가 매우 어렵다. 이런 상황에서는
묻는 질문에 간단명료하게 답하는 것이 최상이다.

첫 대면을 위해서는 두 가지 정보를 확보해야 한다. 하나는 직접 협상

하는 담당자의 정보를 확보하는 것이고, 다음은 회사에 대한 정보를 알아야 한다.

최근 협상가의 관심사는 어디에 있는지, 본 협상에 대하여 협상가는 무엇을 중요하게 생각하고 있는지, 협상 결과에 대하여 어떤 성과가 만들어지는지, 본 협상에 대한 이익은 무엇인지, 불확실성의 요인을 어떻게 줄일 것인지 등에 대한 정보를 미리 예측하고 준비하여야 한다.

기업에 대한 정보는 최근 언론이나 보도를 통해 들었던 내용을 숙지하여야 한다. 소비자 측면에서 바라보는 기업의 이미지에 대하여 분석해 두어야 한다. 경쟁사들의 동향과 제품 포지션에 대하여도 숙지할 필요가 있다. 경쟁사나 다른 기업에서 거래해 본 사례들을 미리 인쇄된 자료로 준비해 가는 것이 좋다. 협상가의 회사 내에서 협상을 할 경우에는 다양한 볼거리들을 통하여 대화의 물꼬를 트는 데 사용하기도 한다.

첫 대면에서는 당신이 제안하는 내용과 정보가, 협상가가 업무를 진행

❏ 첫 대면에 주의해야 할 사항

차분하고 안정적으로 진입하라
본론에서 벗어난 이야기는 줄여라
첫 대면에 신중 하라
자신을 과신하지 마라
사실을 증명할 인쇄매체를 충분히 확보하라
대치과 경색의 핵심을 찾아라
첫 제안에 yes하지 마라
너 아닌 다른 사람과도 할 수 있음을 내비쳐라

하는 데 도움을 주기 위한 목적이라는 것이 전달되어야 한다.

　잡지사에 근무하는 대학 후배라며 몇 차례 전화가 왔다. 전에도 한번 거절한 적이 있었는데, 이번에는 꼭 선배에게 책을 판매해야 된다고 의욕을 보인다. 시사주간지였으나 대부분의 정보를 다른 곳에서도 확보할 수 있어서 거절했다. 더 중요한 것은, 관심이 없는 분야를 대학 후배라는 관계만을 강조하며 팔아 줘야 된다는 막무가내 형식의 판매기법은 협상력을 바탕으로 전략적 세일링을 강의하는 필자에게는 좋은 협상거리였다.

A: 죄송하지만 저는 그런 분야에 관심이 없습니다.

B: TIME지라니까요?

A: TIME지를 몰라서 그러는 것이 아니라 그 분야에 관심이 없습니다.

B: TIME지는 정말 많은 사람들이 보고 있는데요.

A: 많은 사람들이 보더라도 저는 관심이 없습니다. 고객에게 물건을 파시려면 방법을 좀 바꿔 보시죠. 당신의 브랜드를 강조하지 마시고, 고객이 어떤 분야에 관심이 있는지를 우선 파악한 다음 당신의 상품 중에 좋은 책을 권해 드리면 어떻겠습니까?

B: 그럼 어떤 분야에 관심이 있으세요?

A: 저는 경영 관련 서적에 관심이 많습니다.

B: 아, 그럼 하버드대학 비즈니스 리뷰는 어떠세요?

A: 좋은 정보입니다. 상대방의 관심사에 초점을 맞추시니 훨씬 반응이 좋다는 걸 느끼시죠?

　텔레마케터들은 회사에서 많은 교육을 받는다. 브랜드나 자기중심적이기보다는 상대방의 관심사에서 시작하는 교육이 되어야 하며, 위에서 제시하고 있는 주의사항에 대하여도 철저하게 훈련하여야 한다.

>>> 차분하고 안정적으로 진입하라

너무 들떠서 혼란스러우면 오히려 거부반응이 생긴다. "안녕하세요, 선배님. 저는 대학 후배입니다. 00학번 00과를 졸업했고요." 마치 오랫동안 알고 지내는 사이처럼 전화를 한다. 차분하지 못하다는 느낌을 받았다. 진입하는 서두가 너무 길어서도 안 되겠지만 간단하게나마 상품을 소개하는 것이 우선 되어야 한다. 누구나 한번쯤은 받아 봤던 전화 내용들일 것이다. 단순히 학연, 지연을 들먹이며 마구잡이식으로 상대방의 입장이나 기분은 무시하고 공격적인 영업을 한다면 오히려 반감을 사기에 족하다.

>>> 본론에서 벗어난 이야기는 줄여라

협상테이블에서 많이 경험하는 것 중 하나가 본론에서 너무 많이 벗어나는 상황을 보는 것이다. 진입 부분이 관심사로부터 시작되는 것은 좋으나 그것에 너무 많은 시간이 할애된다면 오히려 상대는 협상의 목적이나 관심사에서 멀어질 수 있다. 때로는 자신의 소개나 자랑이 너무 길어서 실패하는 사례도 볼 수 있다. 상대가 이야기하도록 만들어라. 내가 장황하게 이야기하는 경우는 실패 확률이 그만큼 높을 수 있다. 본론에서 벗어나는 것과 실패를 줄이기 위해서는 상대방이 이야기하도록 만들어 가는 것이 협상의 기술이다.

>>> 첫 제안에 신중하라

누가 제안을 먼저 하느냐는 중요하다. 그것은 협상의 기준이 될 수 있기 때문이다. 첫 제안을 가능한 한 상대가 할 수 있도록 만들어라. 상대의 첫 제안에는 엄청난 정보와 의중이 포함되어 있기 때문에 가능한 한 상대가 먼저 제안하도록 해야 한다. 당신이 미리 준비한 협상의 범위와 데드라인 안에 첫 제안이 들어오더라도 절대 안정적이어야 하며 초연해야 한다. 덤벙거려서도 안 된다. 서둘러서도 안 된다. 신중하게 숙고하는 자세가 필요하다.

>>> 자신을 과신하지 마라

첫 대면에서 자신을 과신하지 마라. 마치 양파의 껍질을 벗기듯 하나씩 꺼내야 한다. 과신하는 자를 좋아하는 사람은 단 한 사람도 없다는 것을 명심하라. 약점을 보완하기 위하여 때론 자신을 과신할 경우가 있기도 하지만 첫 대면에서는 절대 삼가야 한다. 사실 그대로 상대의 진정한 협조를 구하는 방법을 택하는 것이 오히려 좋은 성과를 얻을 수 있다.

>>> 첫 제안에 ‘Yes!’ 하지 마라

한 예로 부하 직원이 제출한 서류에 대하여 한번 “No!”를 하면 두 번째는 좀 더 나은 서류가 올라온다. 두 번째 “No!”를 하면 더 좋은 서류가 올라온다는 것을 경험을 통해 알고 있다. 첫 제안에 “Yes!” 하지 않는 것도 이와 같은 마법의 효과를 낸다는 것을 알아야 한다. 첫 제안에 “Yes!” 하지 마라.

첫 제안에 만족할 만한 것은 없다. 가능한 한 두 번, 세 번을 반복해서 제안하고 그것을 계획한 범위 안으로 유도해내는 것이 협상이기도 하다.

중요하게 생각해야 할 것은, 첫 제안에 "Yes!"했을 경우 상대로 하여금 황당한 느낌을 받게 할 수 있으며, 잘못된 거래를 했다는 느낌을 줄 수 있다는 점이다.

앞에서 언급했던 중고차 이야기를 연장해 보도록 하자. 편의상 자동차 소유자를 '갑'이라 하고, 구매자를 '을'이라 하자. 첫 번째 제안에서 을이 1,000만 원을 주겠다고 하고, 갑이 "Yes!"를 했다고 가정하자. 그러면 을은 이런 생각을 할 것이다. '왜 내가 950만 원을 제안하지 않았을까?' 자신이 제안한 가격에 구매하고서도 만족하지 못한 계약을 했다고 생각할 것이다.

다른 경우는 갑이 1,150만 원을 제안했다고 하자. 자동차의 상태를 보고 마음에 쏙 들었던 을은 꼭 사야겠다는 마음을 굳혔다. 이런 환경에서 갑은 1,150만 원에서 단 한 푼도 깎을 수 없다는 태세로 요지부동이다.

이럴 때 당신이라면 어떻게 하겠는가. 가격을 낮추기 위하여 준비를 할 것이다. 중고차 잡지에서 본 자료를 꺼낼 것이고, 주변에 같은 모델들이 판매되고 있는 가격들을 제시할 것이다. 그리고 심한 이야기로 본체의 흠을 잡아 어떻게든 가격을 내릴 수 있는 요소들을 찾아 제시할 것이다.

마침내 갑이 이렇게 이야기한다. "좋소, 자동차 범퍼 값 30만 원을 빼 주리다." 을은 좀 더 금액을 낮추려고 이것저것 흠잡기를 시도한다. "좋소, 더운 날씨에 나와서 고생하시는데 이것도 인연이니 20만 원을 더해 총 50만 원을 빼 주리다. 더는 어림도 없소." 1,100만 원에 계약을 한 을의 기분은 어떻겠는가. 앞에서 이야기했던 1,000만 원에 계약을 한 사람은 손해 본 느낌을 지을 수 없지만, 같은 물건이라도 갑과 을이 실랑이를 한 후에 50만 원을 깎아서 1,100만 원에 구매한 입장에서는 오히려 전자보다 협상을 잘했다는 생각을 하게 될 것이다. 이것이 협상의 기본 예의이며, 상대를 배려하는 것이다. 첫 제안에 "Yes!" 하지 마라. 그것은 상대를 고민에 빠뜨리는 것이다.

✔ 〈2단계〉 상대방의 핵심을 파악하라

협상 진행 중 두 번째 단계는 상대방의 핵심을 파악하는 것이다. 협상을 진행하면서 가장 중요한 부분이기도 하다. 대부분의 협상이 결렬되는 것은 상대방의 핵심을 파악하지 못하는데서 오류가 발생한다. 협상테이블에서 나만의 안전대책을 찾게 되면 자신의 입지는 점점 좁아지게 된다는 사실을 잊지 마라. 위기라고 판단될 때는 중요하게 생각하는 부분과 사소한 것을 트레이드 할 준비가 되어 있어야 한다. 한쪽에 이익이 편중된 상황에서는 좋은 결과를 얻기란 서로 불가능함을 알아야 한다.

귀가 둘이요, 입이 하나인 이유는, 두 귀로 잘 듣고 하나인 입으로 조심스럽게 말하라는 뜻이라고 한다. 상대로 하여금 말하게 하고, 자신은 두 귀로 잘 들어야 한다. 들으면서도 상대가 이야기하고 있는 말 속에 어떤 것을 원하고 있는지를 파악하고, 장애물이라 인식될 때는 제거하는 방법을 연구해야 한다. 그렇지 않고서는 협상의 좋은 결과를 기대하기 어렵다.

협상테이블에 나갈 때는 대체 안을 가지고 가야 한다. 대체 안을 준비하려면 사전에 많은 시나리오를 만들어 봐야 하며, 시나리오별로 대체 안

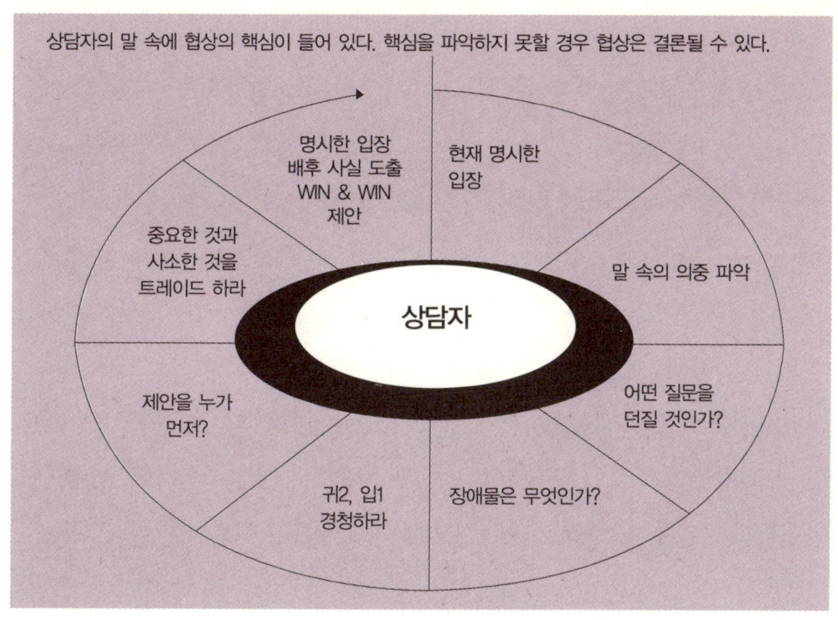

을 준비하는 것이 바람직하다. 오직 하나의 결과물을 정해서 그것만을 얻고자 한다면 당신의 희망사항으로 끝날지도 모른다. 협상테이블에서 만약 당신이 제안하고 있는 주장만을 '절대양보 불가' 라 외치고 있다면 당신은 협상기술이 부족할 뿐만 아니라 협상가로서의 자질도 점검해 보는 것이 좋을 것이다.

좋은 협상을 이루어 내고 핵심을 파악하여 즉각적인 대응을 하려면 철저한 준비를 해야 한다. 준비도 사실적이어야 하며, 출처 또한 신뢰성이 있어야 한다. 우리나라와 일본이 맺었던 어업협상에 대해 기억할 것이다.

당시 해양수산부가 주관이 되어 협상을 진행했으며, 협상을 준비하는 단계에서 그때까지의 어업활동 등의 정보를 수집하여 대안을 설계하려고 했다. 어민들로부터 어업활동 실태조사를 하는 과정에서 상당수 부정확한 자료들을 어민들이 제출했다. 어민들의 입장에서는 기존에 잡았던 어획고가 100톤이라고 한다면 50톤 정도로 보고 자료를 만들었다. 사실적인 어획고를 이야기했을 경우 세금문제라든가 예전에 잘못 보고한 것들에 대한 책임추궁 등을 생각하여 거짓 자료를 만들었던 것이고, 쌍끌(배 두 척이 양쪽에서 그물을 끌어 잡는 방식의 어업활동)에 대하여는 불법조업이므로 하지 않는다고 보고했었다. 해양수산부에서는 실태조사 보고서에 제출된 내용 즉, 50톤을 잡았으며, 쌍끌이는 하지도 않은 사실이므로 굳이 협상 의제로 거론하지도 않았다.

결국 지금까지 잡았던 어획량만큼 보장한다는 차원에서 검토된 한–일 어업협상은 잘못 조사된 실태보고서에 의하여 큰 손실을 보았던 것이다.

상대방의 이야기 속에서 파악되는 의중은 상호 원–원 할 수 있도록 배려해야 한다. 칭찬과 배려는 협상의 원칙이기도 하지만 상대가 윈(Win) 될 수 있고, 윈(Win) 이라고 판단할 때 나 또한 가장 좋은 성과를 얻을 수 있음을 명심하여야 한다. 그래야 지속적인 관계가 유지될 수 있다.

우리가 협상에서 좋은 결과를 얻어 내지 못한 것들의 대부분은, 우리사회의 유교적 문화, 즉 삼강오륜(三綱五倫)에서 비롯된 위–아래 간의 수직적 생활문화의 영향도 있다고 본다. 반면 미국이나 유럽에서는 수직이 아닌 수평 문화가 합리적이고 논리적인 사고로 이어져, 감정적이고 즉흥적인 사고를 가지고 있는 우리들보다 협상을 끌어내는 데 유리하게 작용된다고 한다.

간단한 예로, 국회에서 벌어지고 있는 정당 간의 대립관계를 보면, 우리는 일단 자신의 의견과 일치하지 않으면 판을 깨고 본다. 그리고 자신들의 주장만이 옳다고 목놓아 부르짖는다. 그러나 미국이나 유럽에서는 비록 의견이 다르더라도 판을 깨기보다는 합리적이고 논리적으로 문제를 해결해 가려고 노력하는 모습을 볼 수 있다. 이것만 보더라도 그들이 좀 더 성숙하고 세련된 협상을 진행한다고 할 수 있겠다.

협상을 진행하기 전에 명확하게 해 두어야 할 것은 당신이 원하는 것이 무엇인지를 확실하게 설정하는 것이다. 원하는 것을 설정하는 것은 당신의 준비성을 높일 수 있다. 원하는 것을 얻기 위해서는 철저하게 준비하여야 하는데, 준비하는 것들이 부족하거나 계획적이지 못하면 큰 오류를 범할 수 있다.

✔ 〈3단계〉 테크닉으로 전략에 접근시켜라

협상은 혼자 하는 것이 아니라 상대가 있다. 상대와의 의견 차이를 어떻게 좁혀 가면서 서로에게 만족을 줄 만큼의 성과를 얻어낼 수 있을까?

만약 당신이 외박을 한 후 부인과 냉전기를 보내고 있다고 가정하자. 당신은 냉전기를 종식시키기 위하여 부인과 협상하고자 한다. 이때 당신이 사용하는 방법은 무엇인가?

첫째, 무력적인 위협과 협박이 있을 수 있다. 힘을 앞세워 상대방을 내 생각대로 따라오게 만드는 것이다. 설령 당신이 부인에게 강한 힘으로 위협과 협박을 가했다면 당장은 이겼다고 생각할 수 있으나, 이것은 후유증이 생기게 마련이다. 당신이 큰소리 칠 수 있는 이유가 현재 경제력을 가지고 있기 때문인지도 모른다. 그렇다면 당신이 경제력을 상실했을 때 '황혼 이혼' 이라는 선전포고를 받을 수도 있다. 힘을 앞세워 무력이나 협박으

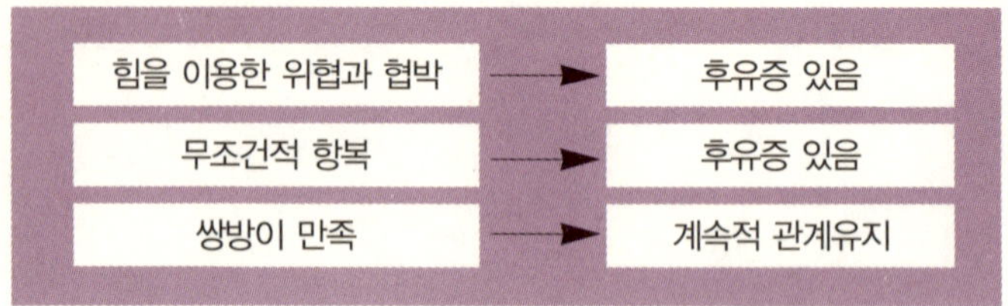

로 강요한다면 반드시 후유증이 생기게 된다는 것을 명심해야 한다.

둘째, 무조건 항복하는 것이다. 사연을 듣고 서로의 입장을 이해하는 것은 중요한 절차이다. 무조건 항복하는 경우는 일방적으로 상대방의 입장만 들어주게 되는 형국이다. 한 사람이 마음의 상처가 되어 치유하지 못할 병으로 발병되었다면 이 또한 후유증이 있는 것이다. 협상테이블에서도 '갑'이 승리하고 '을'은 일방적으로 '갑'의 요구를 들어주기만 했다면 머지않아 '을'은 문을 닫게 될 것이고 피해는 '갑'에게도 미치게 된다.

셋째, 쌍방이 만족하도록 결론을 도출하는 것이다. 가장 좋은 의견일치 방법이다. 수직관계가 아닌 수평관계로 서로의 입장을 충분히 고려하여 윈-윈 게임을 하여야 한다. 부부 간에도 그렇고, 상사와 부하 간, 동료 간, 고객과 판매자 간에도 상호 윈-윈 게임이 되어야 하며, 계속적인 관계가 유지될 수 있도록 하는 것이 중요하다.

테크닉이 약한 사람은 판을 깨거나, 화를 내거나, 하나의 주장만 고집하는 일방통행식 협상을 진행하려 한다. 협상을 못하는 사람이다. 이런 사람은 절대 협상테이블에 나가서는 안 된다. 협상은 때로 끌려가 주는 것이고, 당겨 오기도 하는 것이다. 끌려갔다 끌고 오는 좋은 예로, 감미로운 음악에 맞춰 아름다운 파트너와 블루스를 추고 있다고 가정해 보자.

만약 당신이 오늘 처음 블루스를 춘다면 생각과는 다르게 몸이 말을 잘 들

지 않을 것이다. 그러나 시간이 지나고, 횟수가 거듭될수록 굳었던 몸이 부드
러워지고, 리듬을 자연스럽게 타고 있다는 것을 스스로 느낄 수 있을 것이다.

〉〉〉 협상에도 수준이 있다

블루스 초보자는 생각과 다르게 몸이 뻣뻣하고, 원하는 대로 몸이 말을
듣지 않아서 상대방의 발을 밟기도 하여 실수를 하듯이, 협상의 초보자들
은 경험이 부족하여 실수를 할 수 있음을 시인해야 한다. 그리고 이럴 땐
정중하게 협조를 구하는 편이 오히려 좋은 결과를 얻을 수 있다. 블루스
초보자가 상대방에게 초보임을 시인하면 상대방은 초보자의 수준을 고려
한 춤들로 심플하게 리드해 줄 것이다. 초보자임에도 불구하고 수준 이상
의 고난이도를 시도했다가는 엉켜서 모든 분위기를 망쳐 버릴 수도 있다.

□ 협상과 블루스가 닮은 꼴

협 상	블 루 스
협상에도 수준이 있다	초보자는 유연하지 못하다
끌려갈 준비를 하고 협상을 시작하라	상대방이 끌고 간다
끌려갈 때 무엇을 생각할까?	상대방을 파악하고, 리드타임을 결정
리드를 잘 해야 한다	박자와 공간이 자유로워야 한다
왜 리드를 못하는가?	경험부족이나, 준비성 미비
파트너 선택의 권한이 없다	파트너 선택이 가능하다
인내와 끈기가 최고의 덕목이다	당장 그만둘 수 있다
힘, 돈, 권력이 있으면?	함께 끌고 끌리고를 반복한다

>>> 끌려갈 준비를 하고 협상을 시작하라

협상과 블루스는 끌려갔다 끌고 오는 관계가 계속된다는 것을 알고 시작해야 한다. 협상을 못하는 사람들은 가끔 이런 하소연을 한다. '내가 힘이 좀 더 있었더라면 결코 끌려가지 않았을 텐데?' 힘과 권력을 가지고 있다고 해서 한자리에 딱 버티고 서서 춤을 출 수 있겠는가? 어떤 사람도 당신과 춤추려 하지 않을 것이다.

끌려가더라도 단계별로 계획된 양보의 절차와 순서에 의해 보따리를 풀어내야 한다. 양보로 준비해 둔 보따리를 한꺼번에 풀어서는 안 된다. 끌려갈 때를 생각해서 양보 계획을 철저하게 준비해 두어야 한다. 준비 없는 양보는 문제를 만들 수 있음을 명심하기 바란다.

우리나라 사람들은 양보할 때 과감하게 양보한다. "내가 50% 손해 볼게. 너도 50% 손해 봐라." 도장을 찍는 순간 나의 이익 50%가 날아가고 만다. 이런 식의 양보에 익숙해져 있다. 하지만 방법을 바꿔야 한다. 10%부터 시작하는 것도 너무 많다. 1%에서 시작해도 누가 뭐라 할 사람이 없다.

1988년도에 일본에서 전자수첩을 하나 사려고 한 전자상가를 찾았을 때였다. 한 가게 가판대에서 찾고 있던 전자수첩을 발견하고는 너무 기쁜 나머지 이리저리 만져 보며 살펴보고 있었다. 점포 종업원은 "이랏샤이마세, 하이 도우죠(어서 오십시오)."라고 인사를 한 후에는 전혀 내게 관심을 보이지 않았다. 한참을 만지작거리다가 가격을 물어보았다. 종업원은 계산기를 들고 한참을 두들기더니 0.826%를 깎아 주겠다고 했다. 1%도 아닌 숫자에 기가 눌려 겨우 3%를 깎으면서도 너무 고맙게 생각했었다. 나중에 같은 제품을 옆자리 동료는 40%나 깎아서 사 왔다. 이유는 간단했다. 상대방에게 내가 전자수첩을 꼭 살 것이라는 표정을 노출시켰기 때문이다. 협상력을 공부한 사람은 깎아 줄 때도 계획적으로 깎아 주어야 한다. 한꺼번에 40%를 깎아 준다면 어딘지 모르게 더 깎을 수 있겠다는 생각이 들고, 물건을 사더라도 석연치 않은 느낌을 지울 수 없기 때문이다.

〉〉〉 끌려갈 때 무엇을 생각할까?

끌려가면서 상대방의 스타일을 파악하여야 한다. 마냥 한쪽으로 끌려가서는 안 된다. 언제 어떤 타임에서 내가 리드할지를 결정하여야 한다. 상대의 스타일이나 유형을 파악하는 것은 효과적으로 서로의 관계 개선을 하는 데 영향을 미친다. 유머가 있는 사람이 있는가 하면, 춤추는 것에만 몰입하는 업무 중심형인 사람도 있을 것이다. 또한 춤을 추면서도 분주하게 남의 파트너에게 관심을 가지며 집중이 분산되는 사람도 있을 것이다. 이러한 여러 유형을 파악하여 협상의 방법을 연구하는 것은 협상력을 높이는 데 큰 도움이 된다. 자연스럽게 끌려갔다가 계획된 양보의 보따리를 하나 던져 주고, 내가 리드할 때는 단순제안에서 복수제안으로 확대시키는 방법도 필요하다. 상대방이 당신에게 하나를 제안했다면 당신은 그 제안을 들어주는 대신 그보다 크고 담대한 하나를 제안하여 복수 형태를 취하게 하는 것도 전략이다.

아이가 노트북 컴퓨터를 갖고 싶어 한다. 그의 부모는 컴퓨터는 이미 일상적인 생활 도구로 사용하는 것이라 미리 사줘서 손에 익숙하게 하는 것도 좋겠다는 생각을 했다. 그리고 유행을 일으키고 있는 홈페이지 제작을 공부시키는 것도 좋겠다는 생각으로, 아이에게 컴퓨터를 사 주는 조건으로 가족의 홈페이지를 만들어 줘야 된다는 약속을 받아 내기로 했다.

아이는 갖고 싶었던 노트북을 얻었으며, 그 대가로 가족 홈페이지 제작에 몰두하다 보니 자연스럽게 그 분야의 전문가로 성장하게 되었고, 오늘날 국내 홈페이지 제작 전문가로 활동하게 된 계기가 되었다. 이런 환경을 '복수 형태' 라 칭한다.

>>> 리드를 잘 해야 한다

내가 리드를 할 경우에는 상대방이 인정하면서 믿고 맡길 수 있어야 한다. 상대가 나를 믿고 맡기려면 내가 리드하는 과정들이 합리적이고 논리적이어야 한다. 내가 리드하는 것이 혼자만의 즐거움이 아닌 서로가 즐거움을 느낄 수 있는 리드여야 한다. 성공적인 리드는 계속적인 관계를 유지하기 위하여 또 다른 제안(Proposal)을 받게 된다. 리드를 할 때에는 명확한 자신의 목표를 가지고 확실하게 리드해야 한다.

후배 한 명이 모 벤처 회사에 높은 경쟁률을 뚫고 입사하게 되었다. 담당업무가 명확했으며, 회사 내 포지션이 커서 연봉 협상 시 5천만 원을 제안할 것을 코치했다. 그러나 후배는 혹시나 회사 경영주들의 심기를 거슬려 잘못하면 깨질 수 있다는 우려로 3천만 원에 협상을 하고 도장을 찍었다. 단순하게 회사 규정에 의한 계약을 한 것이다. 이런 사례는 협상을 잘못한 경우이며, 잡아당겨야 할 때 못 당긴 것이다.

>>> 왜 리드를 못하는가?

완벽하게 준비를 하지 못했기 때문이다. 준비가 확실하면 리드하는 것은 항상 계획대로 진행할 수 있다. 또는 경험이 부족하여 리드하는 데 문제가 발생할 수 있다. 경험이 부족할 경우에는 기본에 충실히 임하는 것이 중요하다. 대우자동차를 매각할 때 GM을 왜 리드하지 못했는가? 준비를 못했기 때문이다. 자산이 얼마인지도 평가하지 않은 채권단은 그저 상대가 요구하는 대로 일방적으로 끌려갈 수밖에 없었던 것이다. 이처럼 리드를 못하는 가장 큰 이유는 준비가 부족하기 때문이라는 사실을 명심하여야 한다.

〉〉〉 파트너를 선택할 수는 없다

협상에 있어서 상대방은 논리적이고, 치밀한 전략을 갖춘 사람을 선정할 것이다. 상대가 논리적이고 치밀하다 하여 내가 상대방의 파트너를 바꿔 달라고 요청할 수는 없다. 상대가 협상의 고수라도 파트너를 바꿀 수는 없다. 철저하게 준비하는 것만이 윈-윈 게임을 할 수 있는 길이다. 고수의 눈에는 당신의 약점과 단점이 보이겠지만, 그럴수록 기본기에 충실하는 것이 중요하다.

〉〉〉 인내와 끈기가 최고의 덕목이다

협상이란 게임 앞에서 급하고, 준비가 덜되고, 약점이 많아도 서로의 가치에 호소한다면 최소한의 목적은 이룰 수 있다. 감정을 앞세우지 않는 것과 자신이 계획했던 전략 속으로 끌려오지 않더라도 감정을 유지하며 끝까지 인내해야 한다. 인내와 끈기는 협상의 최고 덕목임을 명심하기 바란다.

협상을 잘하는 사람은 자신이 계획한 전략대로 상대방을 리드해서 끝낼 줄 아는 사람이다. 협상을 하는 자리에서 상대가 멀어지든가, 협상의 목적과는 다른 곳에 관심이 집중된다면 어떤 방법을 동원해서라도 당신이 계획한 전략 범위로 상대를 끌고 들어오는 테크닉을 길러야 한다.

다음 사례는 해외 여행객이 많이 늘어나면서 자주 발생하는 사례이다. 여행사를 편의상 '갑' 이라 하고, 여행객을 '을' 이라 칭하자. 당신은 아래의 내용을 읽고 누가 이겼다고 생각하는가? 자신의 생각에 표시를 해 보자.

Actual Situation

- 사랑하는 사람과 해외 여행을 떠나기 위하여 여행시에 여행경비 일체를 지불한 상태이다.
- 현지에 도착해 보니 숙박시설물이 너무 낡아서 마음에 들지 않았다.
- 여행사에 전화를 걸어 다른 곳으로 바꿔줄 것을 요청했으나 다른 대안이 없다고 한다.
- 어쩔 수 없이 3일간 불편하게 그 숙박시설을 이용했다

question

현재까지 결과를 어떻게 보십니까?

A	양측 모두 승리(win & win)
B	'갑' 의 승리(win & lose)
C	'을' 의 승리(lose & win)
D	양측 모두 실패(lose & lose)

- 의견차이를 좁혀라.
- 계속적인 거래가 이루어져야 한다.
- 상대가 win일 경우 나 또한 win을 얻을 수 있다.
- 최선의 대안은 쌍방 승리여야 한다.

만약 당신이 이런 상황이라면 어떻게 하겠는가? 좀 더 편하고, 깨끗하고, 아늑한 숙소로 옮겨 달라고 하지 않겠는가? 숙소를 옮길 것인가, 아니면 이곳을 사용할 것인가?

여행사는 이미 '을'로부터 여행경비의 일체를 받아둔 상태여서 전혀 손해 볼 것이 없다. 그러나 '을'은 마음에 들지 않아도 다른 대안이 없기 때문에 불편을 감소하고 사용해야 한다.

당신은 혹시 C에 표시하지는 않았는가. 일반적으로 '갑'은 손해 본 것이 없고, '을'만 불편한 상황이기 때문이다. 그러나 정답은 D이다. 왜냐하면 협상이란 것은 앞에서도 소개한 바 있지만 어느 한쪽만 윈일 경우에는 후유증이 있게 마련이고, 상호 윈-윈일 경우에만 최상의 성과를 얻어낼 수 있기 때문이다. 그러나 이 사례에서는 여행사도 결국 실패했다고 본다. 고객에게 만족스러운 상품을 주지 못한 것과, 고객은 한번 신용이나 신뢰를 저버리면 다시는 거래를 하지 않기 때문이다. 따라서 여행사는 자신의 충성고객이 될 수도 있었던 고객을 잃어버림으로써 장기적으로 큰 손해를 보게 된 것이므로, 결과적으로 양측 모두 실패(lose&lose)한 사례라 하겠다.

협상 진행 후의 범위는 '계약서 작성에서부터 협상의 실행'에 이르기까지로 구분한다. 요즘같이 환경이 급변할 때는 계약서를 작성하고 나서도 많은 변수가 작용할 수 있는데, 특히 환율 문제로 고민하고 있는 것을 가끔 보게 된다.

국내 최대 이벤트 회사인 FM은 중국을 대표하는 통신회사로부터 대형 오프닝 행사를 수주 받아 계약을 체결하였다. 행사비용의 일체를 달러로 계약하였으나, 달러 환율이 내려가면서 큰 손해를 보게 되었다. 공사를 계속하면 할수록 적자의 폭이 커지는 상황에서 FM이 취할 수 있는 조치는 어떤 것들이 있겠는가?

1. 제1안—계약 이행을 위하여 수단과 방법을 총 동원시킨다

중국의 통신회사와 국내 최초로 대규모 이벤트를 계약했다는 것은 분명 매력적인 일이다. 향후 있을 많은 이벤트 등의 행사에서 우선권을 획득할 수 있을 거라는 기대로, FM사는 비싼 이자를 지불하는 사채나 부동산 및 각종 담보물을 제공하고 은행으로부터 자금을 빌리거나, 주변의 지인들로부터 자금을 동원시킬 수 있을 것이다. 계약 이후 달러 환율이 하락하고 있는 사실에 대하여 중국 통신회사에서도 관심을 기울일 것이다. 그러나 FM사가 아무런 문제없이 작업을 진행시켜 나간다면, FM사가 생각하고 있는 우호적인 관계 유지와 다음의 수주를 위하여 고군분투하고 있다는 사실에 대하여 상대방은 오해할 수 있다. 이미 계약서에는 이와 같은 환경을 고려하여 충분한 가격을 제시하였다고 중국 통신회사가 생각한다면, FM사가 기대하고 있는 정 반대의 효과가 나타날 수 있다.

현재 상태에서 계약을 유지하고 계속적인 손해를 보면서 작업을 진행하는 것은 자기중심적인 한국방식이다. FM사는 어떠한 절차가 되더라도 자신들의 입장을 알려야 하고, 서로의 난처한 입장을 충분히 인식할 수 있는 기회를 마련하는 것이 중요하다. 한국적 방식으로 '내가 지금 힘들더라도 이 일을 이렇게 열심히 잘 끝내 주면, 아마 저 사람들도 앞으로의 모든 일거리들을 내게 주겠지.' 라는 착각에서 벗어나야 한다. 또, "내가 어렵다는 것을 상대방에게 이야기하는 것은 상대를 괴롭히는 것"이라는 잘못된 생각에서도 벗어나야 한다.

'상상하지 말고 있는 그대로 기억하라!' 한국적인 정서로 인해 우리가 범하기 쉬운 오류들에서 벗어나야 한다.

2. 제2안-일방적으로 계약을 파기해 버린다

"불리하면 교란시켜라!" 자금을 들여 공사를 진행하던 중에 더 이상의 공사는 회사의 부도와 직결된다는 판단을 하고 공사를 중단하였다면, 상대 방은 법적으로 손해배상청구 소송을 제기할 수도 있다. 이러한 상황에서 형 사적 책임은 면할 수 있을 것이고, 손해배상에 대한 지불능력도 이미 상실 한 것이 증명된다면, 복잡하지만 어떻게든 문제는 풀어갈 수 있을 것이다. 하지만, 아쉬운 것은 지금까지 투입된 자금과 노력에 대하여 보상받지 못한 다는 것과, 설령 다시 환경이 좋아져서 우여곡절 끝에 공사를 마무리 하였 다 하더라도 이미 잃어버린 신용과 신뢰를 다시 찾을 수 없다는 것이다.

3. 제3안-재계약 협상을 제안하라

위에서 살펴본 1, 2안은 불확실성과 리스크가 많음을 알 수 있다. FM사 는 소극적인 생각에서 벗어나 적극적으로 재협상을 할 수 있도록 기회를 마련하여야 한다. 협상이란 것이 한번 결정하게 되면 끝까지 결정한 사항 대로 준수하여야 하는 것은 아니다. 경우에 따라서는 변경도 가능하고, 추 가도 가능하며, 결과론적으로 상호 맺은 프로젝트를 성공적으로 끝내는 결과물이 더 중요한 것이다. 환경이 계약시점과 달리 변화한 사실과, 잘못 될 수 있는 결과물의 시나리오를 연구해서 상대를 설득시킬 수 있다.

계약서의 내용은 쌍방이 합의하여 만들어 놓은 문서이다. 따라서 재협 상을 통하여 새로운 합의를 도출하게 된다면 언제라도 다시 작성할 수 있 고, 추가할 수 있음을 명심하기 바란다.

「협상은 치밀한 과학이다」

최소한 판매를 하거나, 협상을 하는 자는 자신이 목표한 목적을 성취하는 것이 중요하다. 그것도 상대방을 진정으로 배려해 주면서 목적을 성취해야 한다. 그러기 위해서는 협상에 임함에 있어 어떻게 접근할 것인가에 관한 준비서를 다음과 같이 작성하는 것이 바람직하다. 협상준비서는 협상테이블에서 당신의 성공을 높여 줄 것이다.

협상은 사전에 준비하는 정보력에 의하여 결과를 예측할 수 있다. "정보를 알면 협상의 판도가 바뀐다!" 협상테이블에 나가기 전에 협상준비서에 정보를 입력하고, 부족한 정보는 당신의 역량을 총동원하여 채워 넣기를 바란다. 당신이 작성한 협상준비서는 결국 당신의 협상 사례로 남게 될 것이며, 좋은 매뉴얼이 되어 당신의 성공률을 점점 높여 줄 것이다.

협상준비서의 각 항목들이 가지고 있는 중요한 의미를 살펴보자.

제　목		협 상 일	
협상장소		선정이유	
제안내용			
제안장점		제안약점	
		약점보강	
요구사항		요구해명	
대응전략		협상범위	
		데드라인	
선례사례		성공요인	
협상목표		양보계획	
협 상 자		핵심영향자	

〉〉〉 협상 장소는 제2의 파트너이다

파악한 정보에 의하여 협상가가 어떤 유형의 사람인지를 알게 되면 가능한 협상가의 스타일에 맞춰 협상 장소를 선정하는 것이 좋다. 필자는 협상 장소를 제2의 파트너라 칭할 정도로 중요하게 생각한다. 집이나 사무실에서 미리 준비할 수 있는 서류, 옷맵시, 협상준비물 이외에 필자에게 도움을 줄 수 있는 것은 유일하게 협상 장소뿐이다. 협상가의 분위기나 수준을 고려하지 않은 장소를 선택했을 경우에는 될 일도 안 될 수 있다는 점을 명심하기 바란다. 협상 장소는 협상자의 수준보다 한 단계 높은 곳을

정하는 것이 좋으며, 경험에 의하면 자신이 경험한 곳을 선정하는 것이 안
정성을 높여 준다. 예약할 경우에는 산만하지 않고, 대화가 집중될 수 있
는 장소를 선택하는 것이 좋으며, 가능한 한 예약한 사람의 이름을 기록하
여 남기는 것도 좋은 전략이다.

대학에서 〈비즈니스 협상력〉 과정을 강의하면서 부득이 토요일 날 강
의를 해야 할 때가 있다. 학생들에게 미안하기도 하고, 예비 협상가를 길
러내는 의미에서 점심식사를 함께 하는데, 학교 근처에 가장 훌륭한 식당
으로 예약할 것을 주문한다. 협상가는 다양한 음식을 먹어 봐야 하고, 좋
은 곳에서 멋진 식사를 할 줄 알아야 하기 때문이다. 손님을 대접하는 법
과 매너, 음식을 격식에 맞춰서 먹을 줄 안다는 것은 서로의 눈높이를 맞
출 수 있는 준비이기도 하다.

〉〉〉 협상 장소를 선정한 이유를 밝혀라

협상 장소에서 처음 만난 사람끼리 협상 장소의 분위기를 화두로 꺼내
서 편안하게 이야기 하는 것도 좋다. 협상 장소의 역사나 전통, 또는 장소
와 얽혀 있는 스토리, 음식이나 요리사에 대한 특별함 등 다양한 화제가
있을 수 있다. 더욱이 협상가를 이곳으로 모신 이유를 간단하게 속삭여 준
다면 상대에겐 감동일 수 있다.

지방에 있는 모 벤처 회사에서 강의를 하고 그들이 개발한 상품을 이해
하게 되었다. 많은 사람들에게 역량을 줄 수 있는 경쟁력 있는 제품이라
판단되어 양산을 위한 투자자를 찾아보기로 했다. 주변 지인으로부터 한
분을 소개받았는데 50대 중반의 여자 사장이었다. 지인을 통하여 대략적

인 유형을 파악하고 협상 장소를 결정하는데, 미사리에 있는 카페촌에서 드라마 배경 장소로 유명한 곳을 선택했다. 그리고 사전에 그곳을 방문하여 드라마에서 주인공이 나란히 앉아서 차를 마시던 그 자리로 예약을 했다. 물론 좌석 옆에는 당시 출연했던 주인공들의 사진이 놓여 있었다. 드디어 미팅 날, 사장은 드라마 방영 당시 아침마다 그 드라마를 보고 출근했고, 출연했던 배우들을 지금도 좋아하고 있으며, 그들이 앉았던 자리에 앉으니 기분이 매우 좋다는 등의 소감을 이야기했다. 물론 투자 건에 대해서도 흔쾌히 수락해 벤처 회사가 성공할 수 있는 여건을 제공해 주었다.

협상 장소는 당신의 눈높이에 맞춰서는 안 된다. 상대방의 눈높이에 맞추되 장소를 선정한 이유를 간략하게 소개한다면 더 좋은 결과를 얻어낼 수 있을 것이다.

》》》 협상 목표를 정하라

앞에서도 잠깐 언급했었지만, '협상을 하지 않는 것도 협상이다!' 당신이 생각한 목표에 미치지 못할 경우에는 당장 결론을 내리지 않는 것과, 협상을 연기하는 것도 좋은 방법이다. 협상의 목표가 명확하지 않을 경우 흔히 범할 수 있는 "당신이 50% 양보하고 나도 50% 양보하겠소. 자, 도장 찍으시죠."는 자신도 모르게 이익의 50%가 날아갈 수 있는 우를 범하는 것이다. 협상의 목표를 정확하게 설정하는 것은 당신이 가지고 있는 자원을 효율적으로 활용하기 위함이기도 하다. 목표를 달성하기 위하여 당신이 가지고 있는 모든 자원을 활용할 수 있도록 계획을 세워라.

'목표를 높이 둬라(Set Hight Targets)!' 목표를 높이 두는 대신 당신이 갖춰야 할 것은, 목표가 높은 이유와 타당성을 논리적으로 설득할 준비가 되어 있어야 한다는 것이다. 목표에는 최종적으로 얻어야 할 금전적인 목표도 있을 것이고, 협상의 단계에 대한 목표도 있을 수 있다. 협상이 진행되는 단계별 목표 또한 전략적으로 수립하여 단계가 거듭될수록 목표한 성과를 얻을 수 있도록 설계하는 것도 선진 협상기법 중 하나이다.

〉〉〉 양보 계획을 세워라

M씨가 목돈이 생겨 근교에 있는 부동산을 매입하기로 하였다. 특별히 마음에 드는 부동산 물건이 급매로 나왔는데 매매가격이 2억 5천만 원이었다. M씨는 주변의 발전 가능성을 타진해 본 결과 상당히 전망이 좋다고 판단했다. 매입가격으로 2억 원 정도를 생각하고 협상을 시작한다. 편의상 부동산 중개인을 '갑' 이라 하고, M씨를 '을' 이라 하겠다.

'갑' 과 '을' 이 급매물로 나온 땅을 방문하고 돌아와서 하는 대화를 사례별로 검토해 보자.

〈첫 번째 경우〉

을 : 2억 원 정도면 매입하겠습니다.

갑 : (즉시 대답한다.) 좋습니다. 그렇게 합시다.

을은 심사숙고해서 가격을 제시한 데 비해 갑은 의외로 가볍게 결론을 내리는 것이다. 이런 상황이라면 을은 원하는 가격에 땅을 매입하게 되었지만 어떤 생각을 하겠는가? '아~ 잘못했어. 1억5천만 원을 불렀어야 하는 건데, 내가 왜 먼저 얘기 했을까? 어떻게 더 깎을 방법은 없을까? 자신이 원하던 가격으로 물건을 사고도 후회하는 경우가 된 것이다.

〈두 번째 경우〉

을 : 2억 원 정도면 매입하겠습니다.

갑 : 안 됩니다. 2억 5천만 원에서 한 푼도 빼 드릴 수 없습니다.

을 : (난감한 표정을 지으며) 얼마면 파시겠어요?

갑 : 2억 5천만 원에서 단 한 푼도 빼 드릴 수 없다니까요.

을 : 제 수중에는 2억 원밖에 없어요.

갑 : 그거야 댁의 사정이지요, 절대로 그렇게는 안 됩니다. 그 땅 옆에 산에 가려진 게 2억3천만 원인데 2억 원에 해 드릴게요.

을 : 그 땅보다 이 땅이 반듯하고 위치도 좋으니 이것으로 해 주세요.

갑 : 절대 안 됩니다.

　　(을은 이것저것 엄살을 부려 보지만 갑은 요지부동이다.)

갑 : 정 그러시면 날 찾아오신 인사로 5백만 원 깎아 드리겠소.

을 : 아저씨 이제 한동네 사람이 되는데 잘 좀 봐주시고요, 1년 후에 2억짜리 적금 타면 그 옆에 있는 것도 제가 사겠습니다.

　　(갑은 못 이기는 척 하면서 3백만 원을 더 빼 주겠다고 한다.)

을 : 그냥 2억 4천만 원에 합시다.

갑 : (엄살 부리면서) 에이, 그럽시다.

　　같은 땅이라도 첫 번째 경우에는 2억 원에 매입했는데도 어딘가 석연치 않은 구석이 있다. 그러나 두 번째는 2억 4천만 원에 매입하였지만, 1

천만 원을 어렵게 깎았다는 만족감이 있다. 높은 목표를 정하고, 양보할 때도 전략적으로, 단계별로 양보하는 기술이 필요하며, 경우에 따라서는 협상 파트너를 바꿔 가면서 양보를 계획할 수도 있다.

〉〉〉 협상가에 대한 정보와 핵심 영향자를 파악하라

이미 강조했었지만, 협상자에 대한 사전 정보는 중요하다. 이는 협상의 물꼬를 트는 데도 많은 도움이 될 수 있다. 상대를 알고 협상테이블에 나가면 그만큼 유리한 입장에서 진행할 수 있다. 협상가를 통하여 반드시 얻어내야 하는 정보는 핵심 영향자이다. 본 협상의 결정을 누가 내리느냐에 대한 정보이기 때문에 중요하다. 최종 결정권자를 알아야 협상의 마무리를 할 수 있기 때문이다. 당신의 앞에서 이야기하고 있는 사람은 어쩌면 정보를 전달하는 사람에 불과할 수 있기 때문이다.

실패한 협상들의 공통점을 보면 준비 부족, 불충분한 계획, 비효과적인 의사소통, 경험 부족 등 크게 네 가지로 정리해 볼 수 있다.

>>> 내가 생각했던 것보다 훨씬 오래 협상을 했어

시간계획이 정확하지 않았다는 얘기다. 이것은 곧 끌려 다녔거나, 불필

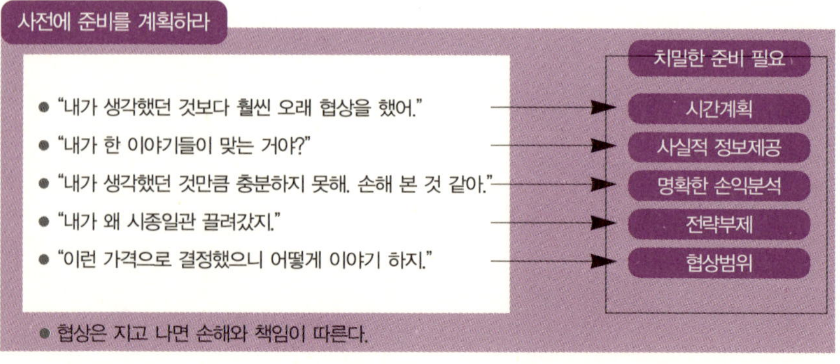

요한 이야기들로 채워졌다는 것으로 해석될 수 있다.

김 대리는 자동차 구입을 계획하고 있다. 준비한 돈은 3백만 원이었고, 차종은 Z를 갖고 싶었다. 가능한 한 명절 전에 차를 받아서 시골에 타고 가고 싶었다. 점심시간에 잠시 시간을 내서 미팅을 하고 있는 중이다. 편의상 김 대리를 '갑'이라 하고 세일즈맨을 '을'이라 하자.

갑: 제가 준비한 돈은 3백만 원입니다. 이 돈으로 Z를 뽑을 수 있나요?

을: 물론 뽑을 수 있지요.

갑: 저는 3백만 원으로 차 값도 내고, 보험도 들고, 자동차 취득세도 내고 싶은데 가능합니까?

을: 가능합니다.

갑: 차종은 Z로 했으면 좋겠는데, 잔금에 대한 최장기 무이자 할부조건은 어떻게 되나요?

을: Z는 요즘 생산을 거의 하지 않고 있습니다. Z보다는 X가 더 좋습니다. (을은 X 종류와 사양에 대하여 10분 정도 설명을 했다. 김 대리는 점심시간이 거의 끝나가는 관계로 빨리 마무리 짓고 싶어 하는데도 을은 계속해서 다른 차를 소개하고 있다.)

갑: 회사에 들어가 봐야 됩니다. 다음에 다시 연락드릴게요.

을: 아니, 잠시면 되는데, 거의 끝났습니다. (결국 김 대리는 다른 사람에게서 Z를 구매한다.)

고객의 시간을 계획하지 못한 것이 실패의 원인이었다. 이야기의 핵심을 요약해 본다면, 김 대리는 3백만 원으로 Z를 사고 싶었고, 자동차 잔금에 대해 무이자 할부로 최장기 서비스를 받고 싶었다. 또 하나 핵심은, 명절 전에 차를 받아 명절 때 이용하고 싶다는 것이었다.

자동차를 구매할 사람이 이미 차종이나 준비한 자금, 기타 명절 전에 출고를 희망한다면 상대방의 이야기 핵심만 파악하여 간단명료하게 답을 제시해 줌으로써 5분 이내에 한 건을 계약할 수 있었을 것이다. 핵심은 바로 이것이다.

"3백만 원으로 Z를 구입하실 수 있습니다. 취득세 30만 원, 보험금 60만 원을 제외한 210만 원이 자동차 보증금이며, 36개월 무이자 할부서비스를 해 드릴 수 있습니다. 월 납입금은 35만 원 정도이고, 출고는 4일 정도면 가능하겠습니다. 명절 전이라 예약이 밀리고 있으니 조건이 괜찮으시면 지금 차량을 신청하십시오. 4일 정도면 차량을 갖다 드릴 수 있겠습니다."

5분 만에 끝낼 수 있었던 일을 장황한 설명과 시간계획의 부재로 인해 놓쳐 버린 것이다.

그밖에 숫자에 대해 이야기를 할 때는 최신 버전의 정보를 바탕으로 해야 한다. 그리고 출처가 명확한 것을 제시하여야 한다. 어림잡아서 대충 이야기하면 까다로운 상대인 경우에는 당신이 제공하는 정보에 대하여 근거를 제출받기를 원할 수 있다.

협상 전에는 손익분석에 대하여 철저하게 고려하여야 한다. 당장 이익이 없는 협상을 하는 경우도 있다. 다음 기회를 보장받는다는 것으로 지금 협상에서 제로게임으로 가지 마라. 지금의 협상이 기준이 될 수 있으며, 미래에 더 큰 이익을 받는다는 보장이 없기 때문에, 현재 당면한 협상에 충실하길 바란다.

협상테이블에서 상대가 이끄는 데로 끌려가다가 판이 끝나는 경우가 있다. 블루스처럼 끌려갈 수 있으나 어느 시점에서는 상대를 리드하며 끌어야 한다. 경험이 부족하면 계속 끌려갈 수 있다. 이런 경우에는 조직 내에서 미리 다양한 시나리오를 작성하여 모의 협상을 훈련하는 것도 좋다. 큰 비즈니스에서는 다양한 변수들을 고려한 시나리오를 작성하여 가설을 만들어 시뮬레이션을 하기도 한다. 협상에는 다양한 변수들이 발생할 수 있다. 그 날의 환경 여건도 변수로 작용할 수 있다. 사전에 이러한 요소들을 고려한 전략을 철저히 세워서 계획하는 것이 성공을 높이는 척도임을 명심하라.

게임은 져도 좋다. 그러나 협상은 지고 나면 손해와 책임이 따른다. 협상의 중요한 포지션이 정보를 수집하고 협상을 준비하는 데 있다.

일반적인 예를 하나 들어보자.

매출이 3,000억 원 되는 제조회사가 있다고 가정하자. 회사의 순이익은 5%다. 금액으로 본다면 15억 원에 불과하다. 그러나 구매담당자가 연간 2,500억 원 대의 자재 구매를 한다고 가정하고, 납품업체인 협력사들의 원가정보를 파악하여 협상력을 높여 5%대의 비용을 절감하였다면 12억 5천만 원을 벌어 준 셈이다.

따라서 협상을 준비하는 것은 철저하게 계획적으로 이루어져야 한다. 그리고 철저하게 정보를 확보하여 유리한 고지를 점령할 수 있어야 하며, 판도를 바꿀 무기를 갖춰야 한다.

협상을 원만하게 진행하기 위해서는 서로에게 철저하게 배려를 하여야 한다. 상대의 직위나 기업의 규모에 의한 선입견으로 우월성을 앞세우게 된다면 정말 어수룩한 사람이다.

1인 사업장의 사장이라 하더라도 당신이 정중하게 대접해 보라. 그 사람은 당신을 위하여 성실하게 일하는 좋은 파트너로 당신의 성공을 염원

협상금기사항

협상은 가능한 한 집중되어야 하며, 사전 철저한 준비는 협상의 성공을 높이는 데 큰 기여를 할 것이다. 또한 협상 시에는 다양한 스킬이 있으나 금기사항은 아래와 같다

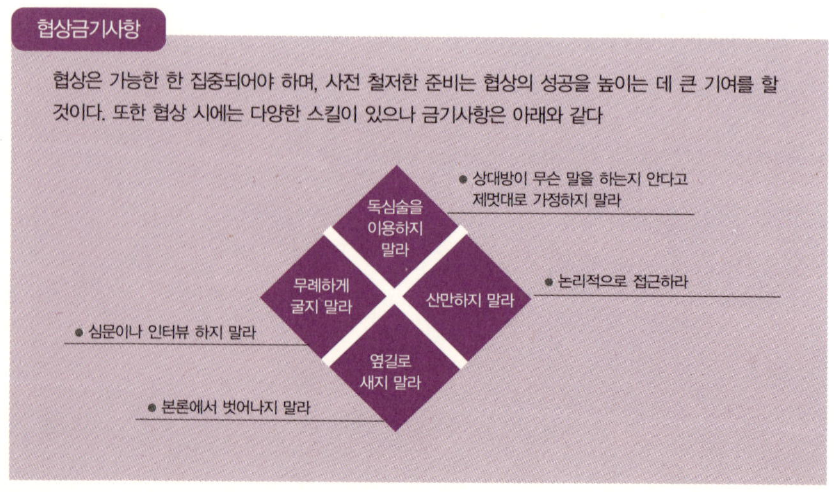

해 줄 것이다. 여기에서 제시하고 있는 사항 이외에도 많은 금기사항이 있지만 자주 범하는 오류를 중심으로 정리해 보도록 하자.

>>> 독심술을 이용하지 말라

독심술(讀心術)이란 '상대방의 생각하는 바를 알아내는 술법'을 말한다. 그러나 지나치게 독심술에 의존하면 상대방이 한마디 한 것으로 모든 사항을 알고 있다는 듯이 제멋대로 가정하여 결론 내리려 한다. 독심술이 강한 사람은 하나의 일을 오래도록 한 사람이 아니라, 이것저것 여러 가지를 조금씩 알고 있는 비전문가들이 많으며, 대부분 남의 이야기를 들으려 하지 않는 사람들인 경우가 많다. 또한 이들의 특징은 남의 말을 듣기 싫어하고, 대부분 자신이 주도적으로 협상테이블을 리드해 가는 편이다. 이들은 대부분 전문지식이 부족하거나 경청하기보다는 자기중심적으로 협상을 이끄는 특성이 있으므로 실패할 확률도 높은 편이다. "척 보면 압니다."식의 독심술은 협상에 전혀 필요하지 않음을 명심하여야 한다.

>>> 산만하지 말라

협상가로서 어떤 사람이 어울릴까? 하나는 평소 덤벙거리며 말이 많고 매사에 주도적인 친구, 또 하나는 평소에 말이 없고 나서길 싫어하며, 늘 뒤에서 남의 이야기를 듣고 자신에게 주어진 일에 대해서만 열중하는 사람이 있다면 어떤 사람이 협상가로 어울릴까?

대부분의 사람들은 말 많고 리더십이 강하고, 남들 앞에서 말을 잘하는 사람이 협상을 잘 할 것 같다고 생각하지만 협상에 있어서 만큼은 말 없는 사람이 유리하다는 것이다. 협상에 있어서만큼은 말이 없는 것이 오히려 안정적이기 때문이다. "협상가, 로비스트는 말이 없다!".

>>> 옆길로 새지 말라

장황하게 설명하는 사람이 있다. 어쩌면 고치기 어려운 습관 같은 것이다. 중요한 핵심만 먼저 설명하고, 또는 결론을 먼저 이야기하고 보충설명이 필요하겠다 싶으면 뒷부분에 조금 곁들여 이해를 도우면 된다.

결론과 핵심이 아닌 내용을 초장에 늘어지게 듣고 있으면 관여도가 점점 떨어지며, 지루함을 느끼는 순간 협상은 결렬될 수 있다. 분위기를 바꿔 보려고 시작한 이야기가 어디까지 가고 있는지, 내가 왜 이 이야기를 하고 있는지를 깨우치는 순간 그 먼 길을 다시 돌리기에는 이미 늦어 버릴 수 있다는 것이다. 내가 말을 많이 하면 실수할 확률이 높다. 내가 말을 많이 하면 상대방은 관심이 없을 수 있다. 내가 말을 많이 하기보다는 상대방이 말을 많이 하고 싶도록 만들어라. 말이 많으면 많을수록 허점만 노출된다. 내가 말하지 말고 상대방을 말하게 하라. 그리고 당신은 맞장구를 치며 웃어만 줘도 협상의 5할 대를 칠 수 있다.

>>> 무례하게 굴지 마라

상대방을 심문이나 인터뷰하듯 다루지 마라. 직급이 낮거나 규모가 작다 하여 함부로 대하는 것은 큰 실수다. 심문하는 조로 꼬치꼬치 캐묻는 것도 상대방으로 하여금 기분을 상하게 할 수 있다. 영원한 강자는 없다. 상대방을 먼저 존중하고 예의를 갖추어 대접하는 것은 자신의 인격을 스스로 높이는 처세이다.

가끔은 정치판에서 일어나는 일들을 매스컴을 통하여 보게 된다. 목소리 큰 사람이 승리하는 것으로 게임 룰을 정한 모양이다. 상대방을 비난 비평하는 것도 부족하여 멱살을 잡고 주먹다짐까지 일삼는다. 그런 사람들이 다음 선거에도 버젓이 당선이 된다. 정치인이 되려면 목소리 크고, 주먹 잘 쓰고, 힘도 센 사람이어야 하나 보다. 이런 사람들이 지역사회를 대표하고, 국민을 대표해서 무슨 일을 한다는 것인가? 이런 아수라장을 보고 자란 사람들이 무슨 협상력을 갖춰서 경쟁력을 갖출 수 있단 말인가?

글로벌 시대의 국가 경쟁력이 화두가 된 지 오래다. 윗사람들부터 건전한 협상문화를 만들어 보여줘야 한다. 신문이나 TV 화면에 보이는 것은 싸우고, 돌 던지고, 집기 불태우고, 헐뜯는 것들로 가득하다. 이제라도 급변하는 환경에 적극적으로 똘똘 뭉쳐서 대응하여야 한다. 이런 추태들은 우리들의 경쟁력을 떨어뜨릴 뿐만 아니라 일류로 향하는 길을 요원하게 할 뿐이다.

생활의 60%가 협상이라 한다. 잠자는 시간을 빼고는 대부분의 시간을 협상을 하면서 살아간다는 것이다. 아침에 일어나면서부터 아이들과 협상하고 부인과 협상하고, 출근해서 동료들과 업무를 시작하는 것들도 대부분 협상에서 시작된다. 동료들에게 도움을 청하고, 바이어를 만나 업무를 해결하는 것 모두가 협상이다. 잠자는 시간 외에는 온통 협상으로 살아가고 있음을 실감할 것이다.

협상의 연속적인 상황에서 늘 손해 보는 사람은 앞으로도 계속 손해만 볼 것이다. 손해 보는 데 익숙하고, 당연히 그렇게 하는 것인 줄 알기 때문이다. 늘 협상에서 지는 사람은 오늘부터 협상에 대한 관심과 협상력을 높이기 위한 훈련을 하기 바란다.

그 중 가장 먼저 해야 할 것은 "No!"라고 말하는 것이다. 당신은 지금껏 너무 많은 것에 어쩌면 "Yes!" 했기 때문에 늘 남을 위해 양보하고, 손해만 보면서 피곤하게 살아온 것이다. 거기에서 벗어나길 원한다면, 협상력을 높이는 것에 당신의 관심을 집중시키기 바란다.

협상의 목적과 목표에 대한 인식
약점을 강점화 하라
합리성에 대응하라
전문성에 도전하라
인내심을 발휘하라
자신감과 진실성을 보여줘라
표정관리, 보이스, 스피드, 맞장구를 쳐라

>>> 협상의 목적과 목표에 대한 인식

협상을 하는 목적과 목표가 없이 협상테이블에 나가본 적이 있는가? 목적과 목표를 명확하게 하려면 우선되어야 할 것이 있다. 그것은 현재의 위치 정보이다. 현재 당신의 위치 정보를 모르고서는 목적과 목표에 대한 그림을 그릴 수 없기 때문이다. 있는 그대로의 당신, 현재 사실에 대하여 문제제기를 먼저 하고, 막연한 목적과 목표가 아닌 논리적으로 이해시킬 수 있는 계획을 설계해야 한다. 그저 막연한 상태에서 협상하게 되면 내가 손해를 본 것인지, 이익을 봤는지 알 수 없다. 협상의 목적과 목표는 사실적이고 정확한 정보가 바탕이 되어야 함을 명심하기 바란다. 한-일 어업협정처럼 잘못된 정보를 제공하고, 또 받는 자들도 검토하지 않아서 되돌릴 수 없는 오류를 범하게 되는 것에 주의해야 한다.

미국 초원에서 아메리카 들소인 버펄로가 큰 무리를 지어 달리는 장면은 보는 이의 기억 속에 평생 남을 만한 장관이라고 한다. 하지만 버펄로

무리는 토네이도와 같이 불규칙하게 움직이기 때문에 언제 어디서 버펄로가 나타날지는 아무도 알지 못한다.

한 청년이 신문에 공고를 냈다. 자신을 버펄로 연구가로 소개한 이 청년은 몇 일, 몇 시, 몇 분, 어느 장소에 버펄로 무리가 지나갈 것이라는 정보가 담긴 초청장을 1달러에 판다는 것이었다. 만약 자신의 예측이 틀린다면 2달러로 되돌려 준다는 공고였다. 많은 사람들이 그에게서 초청장을 샀다. 그리고 그 시간 그 장소에 사람들이 구름같이 모였다. 그러나 버펄로 무리는 나타나지 않았고 그 청년은 약속대로 그 많은 사람들에게 2달러를 돌려줬다. 하지만 이 청년은 그 일로 매우 큰돈을 벌었다고 한다. 이 청년은 어떻게 손해를 보지 않고 오히려 큰돈을 벌 수 있었을까?

만약 당신이 비즈니스를 한다거나, 수익을 창출할 일이 있을 때 항상 이 버펄로 이야기를 떠올려 보라. 이 이야기는 좋은 충고이자, 조언일 수 있기 때문이다. 비즈니스 협상에 있어서도 아주 좋은 전략이 될 수 있을 것이다.

이 이야기의 진실은 이렇다. 버펄로가 지나간다는 장소로 들어가기 위해서 사람들은 조그만 강을 건너야 했다. 그 강에는 다리가 없어서 5달러를 내고 뗏목을 타고 강을 건너야 했는데, 이 청년의 진짜 직업은 그 뗏목을 운영하는 뱃사공이었다고 한다.

단순한 1차원적인 이익보다는 2차원적인 이익을 계획하는 전략적인 사고가 필요하다. 목적과 목표를 구분하는 것이 필요하며, 가치와 이익 또한 구분할 줄 알아야 한다. 비즈니스에서는 가치와 이익을 구분해야 한다.

가령, 방수시계를 예로 들어보도록 하자. 수중 500미터까지 방수가 되는 시계가 있다면, 당신은 이 시계를 일반시계보다 비싸게 주고 사겠는가? 그 시계가 수중 500미터까지 방수가 된다지만, 물속에 들어갈 일이 전혀 없는 나에게는 단지 가치는 있지만 이익이 전혀 없는 일이다. 하지만, 물속을 자주 들어가는 다이버들에게는 그 기능이 매우 가치 있는 것이 될 것이다.

모든 가치가 직접적으로 이익을 주지는 않는다. 가치를 이익으로 끌어 낼 줄 아는 사람이 진정한 협상가들이다. 협상가는 이미 자신이 학습한 지식을 지혜로 바꿔서 상품이 될 수 있도록 만들어 내는 것이 중요하다.

대형 할인점에서는 연말에 배추 한 포기를 500원 정도에 판매한다. 배추를 사러 온 주부들이 김장을 하기 위해 필요한 고춧가루, 젓갈류, 소금, 각종 양념류, 저녁 찬거리 등을 추가로 구매한다는 2차원적 이익이 계산되어 있기 때문에 500원에 판매하겠다는 계획을 실행할 수 있는 것이다.

버펄로 이야기처럼 모든 사람이 5달러를 내고 그 지역에 들어가므로 그 청년은 언제나 돈을 번다. 하지만, 막연하게 사람들이 모이는 곳에는 돈이 있다는 생각으로 많은 사람들을 상대로 아이스크림이나 솜사탕을 팔아서 돈을 벌겠다고 생각한다면, 상황을 충분히 더 고려할 필요가 있다.

〉〉〉 약점을 강점화하라

오래전에 재미난 계획을 하나 세웠었다. 모 기업이 스키장을 처음 오픈할 때였는데 그 기업의 자금이 모두 스키장으로 몰려간다는 생각을 했었다. 12월 초에 오픈할 요량으로 공사는 계속되고 있었다. 스키장에 고객을 모아가면 돈을 벌겠다는 생각을 했다.

이러한 상황에서 사용해볼 수 있는 툴(Tool)이 '생각의 꼬리를 물라' 는 TRM(Thinking Road Map) 기법이다. 생각의 꼬리를 물어서 계속 연결해 나가라. 당신의 부족함을 채워 줄 것이며, 문제를 해결하는 방법을 제시해 줄 것으로 확신한다.

스키장 최고경영자는 어떤 파트너를 찾을까? 당신 같으면 어떤 파트너를 찾겠는가? 아마도 많은 고객을 스키장으로 몰고 올 능력을 갖춘 파트너를 선호할 것이다. 처음 개장하는 시설을 많은 사람들에게 알리고 싶은 것이 첫 해의 목적이겠다는 생각에 다다랐고, 스키 캠프 참가 제안서를 제출하게 되었다.

스키장은 규모와 시설을 갖춘 대기업이라면 필자는 보잘것없는 구멍가게였다. 그러나 주도적으로 협상을 리드했다. 왜냐하면 스키장은 많은 사람을 몰고 와 주기를 기대하고 있었기 때문이다. 여러 방면에서 후한 계약을 체결할 수 있었다.

스키장과 계약을 체결한 다음, 어떤 사람들을 불러 모을까를 고민하는 데 하루가 걸렸다.

- 내가 사람을 찾아 나서는 것이 아니라, 사람들이 스키장에 있는 나를 찾아오게 만들어야겠다.
- 그렇다면 스키장에 있는 나를 찾아오려면 어떤 조건을 갖춘 사람이라야 하는가?
- 차를 가지고 있는 사람이어야 한다.
- 차를 가지고 있는 사람은 어디에 많을까?
- 주유소다. 그렇다면 서울, 경기에서 어떤 주유소가 가장 많을까? 유공과 호남이다.
- 유공과 호남은 가려운 곳이 어딜까?
- 겨울에 매출이 떨어진다는 것이다.

● 그렇다면 주유소와 제휴하여 3만 원 이상 기름을 넣는 사람들에게 리프트, 렌탈, 강습, 콘도 30% 할인권을 주자.

● 충성고객을 만들려면 무엇이 필요할까?

● 계속적으로 나를 만나러 올 수 있는 이유를 제공해야 한다.

● 그것은 이벤트다. 5박 6일 동안 사이판 30명 추첨 무료이벤트 시행 현수막을 붙였다.

이러한 것을 시행한 결과 70일 동안 78억 원의 매출을 올리는 놀라운 성과를 얻었다.

나는 보잘것없는 구멍가게였지만 스키장과 정유사를 제휴함으로써 약점이 보완되어 큰 성과를 얻을 수 있었다. 이처럼 약점을 강점화 시키면 나라도 성공적으로 성장시킬 수 있다.

싱가포르에서는 필리핀 출신의 가정부를 쉽게 볼 수 있다. 필리핀에서

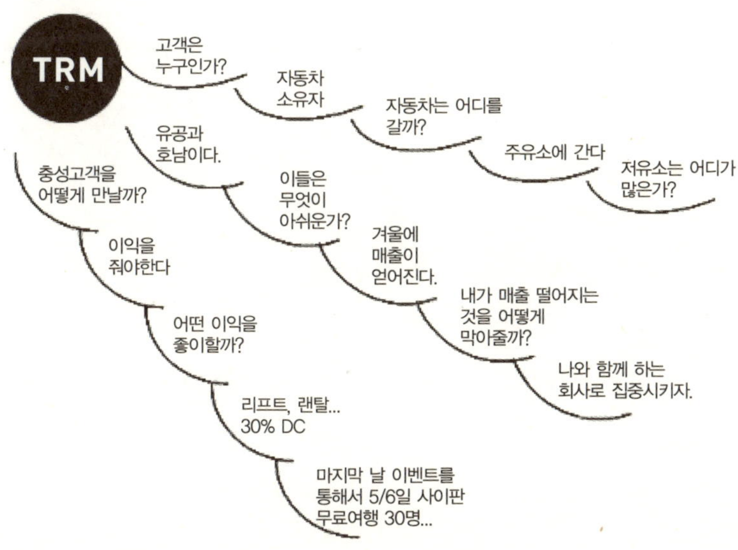

대학까지 나온 사람이 자국에 취업할 곳이 없자 멀리 싱가포르까지 온 것이다. 1960년대 우리 젊은이들이 독일에 광부와 간호사로 간 것과 비슷한 일이다. 지금은 못 살지만 한때 필리핀은 아시아 2위의 선진국이었다. 반면 1965년 독립한 싱가포르는 아무 자원 없는 항만도시에 불과했다. 싱가포르는 이제 국민소득 3만 달러가 넘는 선진국이 되었고, 필리핀은 그 나라에 자국민을 보내서 궂은 일을 도맡아 하는 나라로 전락한 것이다. 싱가포르가 오늘날처럼 성공한 것은 약점을 인식하고 지도자의 탁월한 리더십을 만들어 냈기 때문이다.

우리나라도 변변한 자원 하나 없는 작은 땅덩어리의 척박한 나라다. 그렇지만 올림픽과 월드컵 경기를 성공적으로 치러낸 민족이기도 하다. 약점을 인정하고 열정으로 뭉친 국민의 염원으로 모든 꿈을 이뤄내고 있는 것이다. 약점을 인식하면 대안이 나온다.

약점을 강점화 시키려면 무엇보다도 약점에 대한 솔직한 자기고백이 있어야 한다. 약점이라 판단되는 부분에 대하여 정확하게 인식하고 정보를 수집하는 일에서부터 주변의 인프라와 네트워크를 이용하여 철저하게 보강하고 준비하는 것만이 당신의 성공률을 높일 수 있는 지름길이다.

>>> 합리성에 대응하라

합리성이라 함은 도리에 맞는 것이라고 해석할 수 있겠다. 힘이나 권력을 가진 사람들이 가끔은 합리성을 무시하는 경우가 있다. 이런 경우 원칙과 규정을 제시하면서 정당성을 주장하여야 한다. 기업 대 기업 간의 관계에서도 상호 도움을 줘서 서로 윈-윈 한다는 점을 깨우치게 하는 것으로 해석할 수 있다.

- 변호사가 모 지역에 백화점을 공동으로 건설하자는 제안을 하였다. ('갑')
- 변호사의 친구는 도시가 커지는 것과 장래 비전을 고려해본 결과 수익상이 있어 보여 투자를 결심했다.('을')
- '갑'은 '을'을 설득하기 위하여 백화점 시행계획과 운영계획에 대한 서류를 '을'에게 건넸다.
- '을'은 돈 거래시 습관처럼 녹취하는 버릇이 있어 '갑'의 양해를 얻어 자금 소요부분과 상기 운영계획 등에 대하여 녹취를 해두었다. '갑'에게 3회에 걸쳐 13억 원을 투자했다.
- '갑'이 주도적으로 백화점 공사를 지휘하였으며, 어느날 '갑'이 투자인 비용만 빼고 백화점 공사를 포기해 버렸다.
- 백화점 코너를 분양 받았거나, 물건을 납품한 업체로부터 '을'에게 항의가 들어왔다.
- 상황파악을 한 결과 사기로 판단하고 '을'은 변호사인 '갑'을 상대로 법적 소송을 시작했다.

- '을'이 '갑' 즉, 변호사를 상대로 소송에서 승리할 수 있겠는가?
- '을'이 전문가인 변호사를 상대로 승리하려면 무엇을 준비해야 하는가?

당신의 생각을 기록하라.

- ______________________________
- ______________________________
- ______________________________
- ______________________________

>>> 전문성에 도전하라

판검사를 거쳐 변호사 개업을 한 '갑'과 협상력으로 무장된 '을'이 아래와 같은 상황에 봉착했다. 상황을 검점하고 당신의 생각을 기록해 보라.

이 사례는 합리성과 전문성을 동시에 만족시켜 줄 수 있는 사례라고 생각된다.

'갑'과 '을'의 힘의 균형으로 본다면 당연히 변호사가 우위에 있을 것이다. 따라서 많은 사람들이 '갑'의 승리를 예측할 것이다. 변호사는 소송 분야에 전문가이다. '을'은 얄팍한 협상력 책 한 권을 읽은 게 전부다. '을'이 '갑'을 상대로 소송을 시작한 것은, 협상력에서 강조한 '전문성에 도전하라.'는 말과, '비전문가라도 기본에 충실하면 승리할 수 있다.'는 데에 확신을 가졌기 때문이다.

우선 '을'은 '갑'으로부터 투자 초기에 받았던 서류들을 챙겼다. 서류 내용은 백화점 층별 콘셉트, 층별 레이아웃, 입점 브랜드 계획, 백화점 운영 조직과 업무분장, 임대에 대한 분양단가표, 백화점 향후 마케팅전략 등이었다. 그리고 돈을 건네면서 녹음한 녹취 테이프가 전부였다. '을'은 찾아낸 서류들을 분류하여 파일북을 만들었다. 그리고 그 앞에 커다랗게 제목을 써 붙였다. ○○백화점 층별 레이아웃, ○○백화점 입점 브랜드 계획, ○○백화점 분양계획 등 8개의 파일을 만들어 가능한 한 글자가 크고 눈에 잘 띄게 제목을 써서 붙였다. 그리고 '○○변호사 녹취록'을 복사하여 10개의 같은 테이프를 만들었다.

검사 앞에서 진술을 하던 '갑'은 처음에는 사실이 아닌 이야기들을 늘어놓기 시작했다. 옆자리에 앉아 있던 '을'은 자신이 준비해간 파일 8개와 녹취 테이프를 책상에 올려놓아 '갑'의 시선을 집중시켰다. 파일에는 자신이 건네준 백화점 관련 타이틀이 선명하게 눈에 들어왔으며, 자신의 음성이 담긴 녹취 테이프가 10개나 있었다. 마침내 '갑'은 이 자료들을 보고는 사실을 진술하기 시작했다. 판결은 '을'의 승리로 마무리됐다.

전문가에게 도전할 때는 '인쇄매체'를 이용하라. 인쇄매체는 상대를 설득시키기에 좋은 자료가 된다. 전문가에게 도전하기 위해서는 철저하게 준비하여야 하며, 자료가 될 수 있는 각종 인쇄매체를 활용하는 것이 유리하다. 또는 주변의 지인을 이용하여 코치를 받는 것도 좋은 방법이다. 당신의 판단에 확신이 있다면 자신감을 가지고 적극적인 자세로 도전하라.

〉〉〉 표정관리 · 보이스 · 스피드 · 맞장구를 쳐라

협상가나 로비스트는 말이 없다. 그렇다고 냉랭한 분위기를 연출하자는 것은 아니다. 따뜻하고 안정적인 표정을 보여줘야 한다. 특히 표정관리를 잘해야 한다. 상대방이 리드하기에 따라 표정이 붉으락푸르락 변하는 사람들이 있다. 절대 당신의 표정을 노출시키지 마라. 협상의 선수들은 당신의 표정 하나를 찾아내 당신을 곤경으로 몰고 갈지도 모른다. 사전에 합의하지 못한 협상 범위나 데드라인 같은 경우 즉석에서 결정하려면 당신의 목소리가 떨리고 있을지 모른다. 말의 스피드도 느림보 거북이마냥 들릴 수 있다. 그런 것들은 당신을 불리하게 만든다. 안정적이고 편안한 표정을 지으며 밝은 표정으로 맞장구를 치고, 당신이 이야기할 때에는 힘 있는 목소리로 간단하고 명쾌한 어조로 짧게 이야기 하라.

협상의 기본원칙은 '칭찬과 배려'이다. 칭찬하고 배려하는 데는 돈이 들지 않지만, 이것은 성과를 내는 데는 가장 큰 요소임을 누구나 부인하지 못한다.

어느 집안의 이야기다. 사람들은 부인을 '오못짱'이라 불렀다. 오못짱이란 "오리발도 잘 내밀고, 못생긴 짱구"란 뜻이다. 그러나 남편은 늘 부인을 어떻게 칭찬할까만 고민했다. 남편이 밖에서 좋은 음식을 먹으면 다음날 부인과 아이를 데리고 그곳에 가서 함께 식사를 한다. 그러면 부인은 그 음식보다도 맛있게 만들어서 식탁 위에 올려놓는다. 아이와 하루 종일 보낸다 해서 아이의 교육을 지도한다는 것은 쉽지 않은 일이다. 남의 아이 같으면 차분하게 지도할 수 있겠지만 자기 아이한테는 그것이 쉽지 않다.

부인에게 직접 운전을 가르쳐 본 사람은 이해할 것이다. 칭찬과 배려가 앞서기 보다는 고함소리가 나서 결국 다투게 되고, 냉전기류가 흘러 마침내 운전학원을 찾게 된다. 시작하지 않음만 못하다.

부인에 대한 칭찬과 배려와 아이의 훌륭한 선생이 될 수 있다는 동기

부여는 정말 기적을 낳았다. 이제 4살인 아이는 동화책을 줄줄 읽고, 영어로 말을 하고, 한문을 무려 500자 정도나 읽어내고 있다. 어른들보다도 더 정확한 단어를 구사하며 문장을 만들어 사람들을 놀라게 하고 있다. 오못짱이라 불리는 못생긴 부인에게 한없는 칭찬과 배려를 한 덕분에 기대 이상의 큰 성과를 얻은 것이다.

협상이 목적한 바를 얻는 것이라면, 비용이 들지 않는 칭찬과 배려는 목적 이상의 더 큰 성과를 당신에게 선물할 것을 확신한다. 또한 칭찬과 배려는 상대방으로 하여금 마음의 문을 열게 만들며 많은 이야기를 하게 만들고, 경계심이나 노출하기 어려운 정보들도 가끔은 담아내기도 한다. 자신의 이야기를 먼저 하려고 애쓰지 말고, 가능한 한 상대방의 이야기를 들으려고 하는 것이 협상의 기본 원칙이기도 하다.

>>> 유리한 곳에 두어라

힘이 있든 없든, 권력이나 돈이 있든 없든 간에 유리한 곳을 점하고 있다는 것은 상대가 아쉬워하는 것을 가지고 있거나, 상대의 약점을 내가 이미 알고 있다는 뜻이다. 상대가 간절하게 원하는 것이 있다면 내 것을 얻기 전에는 절대 보따리를 풀지 마라.

당신이 원하는 것을 상대방이 이해할 수 있도록 제시하라. 상대방이 당신의 이야기를 이해하지 못했다고 판단될 경우에는 손실에 대한 불이익의 규모에 대하여 상기시킨 후 다시 접근하라. 내가 상대방에 비해 유리한 위치를 점령하고 있다는 것은 지금 당장은 좋겠지만, 영구적인 것이 아니라는 것 또한 명심해야 한다.

프로 축구선수가 시즌 중에 다른 구단과 이적을 두고 협상하고 있다는 기사가 간혹 접하는데, 프로 선수를 관리하는 프로모션에서 전략적으로 이런 분위기를 만들 때가 있다고 한다. 다음 연봉협상을 유리하게 만들기 위한 연막작전인 것이다. 관심을 갖고 있는 외부 구단이 많을수록 선수의 몸값은 올라갈 것이고, 연봉을 협상할 때 유리한 고지를 점할 수 있게 됨으로써 몸값은 자동적으로 상승하게 되고, 프로모션에서도 수익이 커지기 때문이다.

협상 이전에 상대방에 대한 다양한 정보를 수집하고, 분석하는 것을 소홀히 여기면 결코 유리한 고지를 점령하기 어렵다. 자신을 유리한 고지에 두려면 사전에 철저하게 상대방을 파악하는 것이 우선시되어야 함을 명심하기 바란다.

》》》 목표를 높이 두어라

연봉협상을 예로 들어보자. 당신은 주변의 동료들보다 더 열심히 일했고, 누가 보더라도 당신이 가장 성실하게 일했다는 것을 인정한다. 당신은 작년에 받았던 3천만 원에서 70% 가량을 올린 5천만 원을 요구할 계획을 세웠다. 연봉협상이 시작되기 전에 당신이 먼저 신중하게 검토할 사항들이 있을 것이다.

첫째, 70%를 상승시킨 것이 타당한가? 타당하다면 논리적으로 설명할 수 있는 근거를 만들어라.

둘째, 70%를 상승시킨 핵심 포인트는 무엇인가? 당신이 동료들 중에서 1등이라 할 만큼 가장 성실하게 일했기 때문인가?

셋째, 당신이 생각하는 상승 핵심 포인트 요인과 회사에서 생각하는 상승 핵심 포인트가 다를 경우 어떻게 할 것인가? 예를 든다면 당신은 성실한 면을 우선으로 꼽고 있지만 회사는 성과 실적을 우선시 한다면 당신이 성실하게 일한 것만으로는 설득이 부족할 것이다.

넷째, 이런 경우에 당신은 어떤 대안을 제시할 것인가? 연봉협상 비용을 낮출 것인가? 아니면 다른 직장으로 이직할 것인가? 어떤 대안을 선택하느냐에 따라 당신의 협상 전략은 달라질 수 있을 것이다.

목표를 높이 두는 것은 좋으나 목표만 높아서는 금물이다. 반드시 논리적으로 설명 가능하여야 하며, 부족하다고 인정될 때는 더 큰 손실이 생길 수 있음을 알아야 한다. 또 하나, 대안을 갖추고 있어야 한다. 다른 직장으로 이직이 가능한 환경을 미리 만들어 놓았다면 높은 목표에서 굳이 양보의 계획을 세우지 않아도 힘 있는 협상이 가능할 것이다.

>>> 자신의 힘을 정확하게 알라

연봉 협상 시기에 우연히 입사 동기의 연봉 제시 금액을 알게 되었다.

❏ 협상의 원칙

유리한 곳에 두어라
목표를 높이 두어라
상대방 정보를 유용하게 활용하라
자신의 힘을 정확하게 알라
고객이 바라는 것을 파악하라
양보의 계획을 세워라

그래서 자신도 막연하게나마 그 정도의 금액을 제시하기로 마음먹었다. 그런데 막상 협상테이블에서는 당신이 제시한 금액으로 냉랭한 분위기가 만들어질 수 있다. 연봉은 당신이 회사의 성과에 기여한 정도에 따라 정해지는 것이지, 따라 하기가 아니기 때문이다.

우리나라 기업의 조직문화는 대부분 라인조직을 형성하고 있으며, 연봉제를 실시한다고 하는 회사의 대부분은 상여금을 포함해 18회로 나눠 주던 급여를 12회로 통합 지급하는 것을 연봉제란 이름으로 시행하고 있다. 이것은 연봉제도 부분연봉제도 아닌 편리하게 우리식으로 만들어 낸 변종일 뿐이다. 라인구조가 존재하는 한 연공서열을 떠난 연봉제는 존재할 수 없으며, 더 큰 기업으로의 성장은 기대하기 힘들다고 본다. 이런 분위기(라인조직)에서 자신이 성과를 냈다고 해서 큰 연봉을 제시했다가는 아이들 말로 '왕따' 당하기를 자초한 꼴이 된다.

외국 회사들은 담당업무(job size)로 업무가 구분되어 있어서 업무의 난이도와 중요도, 비중 등을 고려하여 업무등급(job grade)이 결정되고, 등급별 연봉이 다르게 책정된다. 하는 일이 정해지고 일의 포지션에 따라 받는 급여가 다르다는 것이다. 연말에 연봉을 계약할 때 자신이 부여받은 담당업무의 업무수행 능력이 어떠했느냐에 따라 재계약이 이루어진다. 특이한 것은 같은 일을, 같은 수준의 연봉으로 수십 년 동안 하는 사람도 있다. 왜냐하면 난이도와 중요성을 고려했을 때 그 이상을 줄 필요가 없다고 생각하기 때문이며, 만약에 문제가 생기더라도 같은 수준의 사람을 비슷한 비용으로 쉽게 채용할 수 있기 때문이다. 따라서 자신의 담당업무가 명확한 유럽이나 선진국에서는 기여도와 성과가 늘 자신을 평가하는 요소로 따라다니며, 자신이 낸 성과에 대하여 명확하게 평가받을 수 있다.

앞서가는 기업 중에는 유럽식, 미국식 연봉제를 도입한 회사가 있다. 이런 회사들은 업무의 효율성이나 성과 측면에서 라인구조를 가지고 있는 회사보다 확연히 높은 성과를 내고 있을 것이다. 대부분의 라인구조를 가지고 있는 회사는 업무가 불분명하여 누가 얼마의 성과를 내고, 기여했는지를 평가하기가 쉽지 않다. 업무가 많은 사람만 늘 바쁘고 야근을 한다. 이런 사람이 연말에 연봉협상을 하게 되면 불이익을 당한다. 자신은 정말 열심히 일했는데도 불구하고 팀의 성적이 저조하고, 회사에 기여도가 낮아서 자기가 희망하는 연봉을 받지 못하게 된다면 회사를 위하여 열정적으로 일하고자 하는 마음을 접고 싶어질 것이다. 더 심하면 이직을 고려하게 되는 것이다.

우리가 고안한 협상력 노트의 표지에는 명함을 넣는 곳이 두 군데 있다. 하나는 지금 내가 만날 사람의 명함이나 기록을 넣는 곳이고, 다른 하나는 지금 만나는 사람에게 직접적인 영향을 줄 수 있는 명함을 미리 넣어서 보여주는 곳이다. 나의 힘이 약하다고 판단될 경우, 또는 자신을 상대에게 전달하기 힘들 경우 나보다 힘이 강한 사람이나 기관을 보여줌으로써 힘의 균형이나 밸런스를 유지함과 동시에 자신의 약한 세력을 보충할 수 있다고 본다.

프로야구 선수든 프로축구 선수든 또는 직장에서 근무하는 회사원이든 아니면 지각하기 5분 전에 문 앞에서 돈 달라고 버티는 어린아이든 자신의 부족함을 커버할 수 있는 강점과 또 다른 비전을 제시하는 것이 중요하다. 힘이 약한 아이는 학교 선생님을 끌어들이고, 어머니가 좋아하실 만한, 성적을 높일 수 있는 요소들을 찾아 제안한다. 책을 사서 열심히 공부하면 다음번에는 성적을 올릴 수 있을 것이라는 막연한 기대감으로 어머니의 주머니에서는 쉽게 돈이 나온다. 자신의 힘을 정확하게 파악하고 있는 것은 매우 중요한 일이다. 약한 부분은 협상력 노트의 명함 란을 이용하거나 주변의 지인을 통한 코치를 선정하여 공략하는 지혜도 필요하다.

2002년 한·일 월드컵 공동개최는 한국 역사상 찾아보기 드문, 좋은 협상 사례이다. 일본보다 2년 반이나 늦게 유치위원회를 발족시킨 한국의 유치 경쟁 동참으로 한국과 일본은 2002년 월드컵 개최 후보국으로서 경쟁하게 되었다. 아시아 지역 개최 방침으로 다른 대륙으로부터의 경쟁이 배제되고 아시아 지역의 다른 국가도 경쟁에 참여하지 않음으로써 경쟁구도가 굳어졌고 양자 간 협의를 통하여 유치 문제를 협의할 수 있는 환경이 조성되었다.

한·일 간 이해갈등에 대한 대안으로 1994년 4월 '공동개최' 아이디어가 공식적으로 등장하면서 최적의 BATNA(Best Alternative to a Negotiated Agreement)가 제시된 것이다. 한·일 간 공동개최 주장은, 협상이 결렬되어 양국의 유치전이 더욱 가열되고 표결로 승패가 갈릴 경우 양국 관계에 좋지 않은 영향을 줄 것이라는 우려에 기초하고 있었다. 특히 유치에 대한 국민들의 열망이 상대적으로 강했던 한국의 경우, 협상 결렬 시 일본에 대한 악감정이 번질 우려도 존재했었다.

이웃국가로서 월드컵을 함께 개최한 경험은 양국의 미래지향적 관계 발전에 도움이 될 것이라는 부분을 협상에서 기대할 수 있는 효과로 부각시켰으며, 공동개최 안을 제시한 아시아 축구연맹이나 이를 지지한 유럽 연맹 등 외부의 압력도 협상 진행에 큰 영향을 주었다.

공동개최에 대한 한국 내의 입장은, 대체로 아쉽기는 하지만 늦게 유치 경쟁에 나선 입장에서 보면 성공적이며 한·일 양국의 우호협력 증진을 위한 좋은 기회가 될 수 있다는 점에서 환영하는 분위기였고, 일본도 환영 담화를 발표했다. 당시 한·일 간 세부 협상 기록을 살펴보면 다음과 같다.

□ 한·일 세부 협상 주요 의제

- 대회 공식 명칭
- 경기 배분, 개막전, 개회식, 결승전, 폐회식 장소 결정
- 총회, 조 추첨(예선·본선) 등 주요 행사 배분
- 대회조직위원회 구성 방법과 시기
- 개최 도시 선정 기준, 방법, 절차, 시기, 규모
- 대회 개최국 월드컵 본선 자동진출권
- 수익 배분 및 비용 부담 등 재정 문제

한·일 세부 협상의 타결 내용을 한마디로 평가하자면, 양국의 합의는 서로의 입장 밑에 깔린 이해관계에 바탕을 둔 타협책이었다. 한국은 월드컵 유치 협상에 있어서 전통적인 축구 애호국으로서 월드컵을 개최한다는 명분 자체를 매우 중요하게 여겼으며, 월드컵 유치 과정 전반을 통해 한반도 평화에의 기여, 국가 위신 향상 등 추상적인 목표를 내세웠던 것으로 평가된다. 또한, 뒤늦게 유치 경쟁에 뛰어들어 공동개최란 수확을 얻어낸 것은 온 국민의 월드컵 유치에 대한 열망과 한국의 열악한 힘을 인정하고 적절하게 대안을 마련한 유치위원회의 전략이 크게 성공한 것이라고 볼 수 있겠다.

한·일 월드컵 유치 경쟁은 처음에는 서로의 입장과 힘의 균형이 비대칭적인 협상모델이었다. 비대칭적 협상모델은 협상가가 가지고 있는 협상력 구성요소와 협상 이슈의 특성, 협상 형태의 특징이 다르게 나타나기 때문에 협상력의 효용도 다르며, 그 결과도 동일하게 나타나지 않는 것이다.

협상가는 항상 다양한 형태의 협상력을 확보하려고 하며 누가 더 특정 이슈에 적합한 협상력을 확보, 발휘하느냐에 따라 협상 결과도 달리 나타나게 되는 것이다. 따라서 협상력을 구성하는 객관적 요소도 중요하지만 상황적 맥락의 특수성에 적합한 협상력 요소를 분별하는 일이 실제 협상 과제에서는 보다 중요하다고 하겠다.

비대칭 협상모델의 협상 결과는 총체적 힘, 이슈별 힘, 형태적 힘이 작용하여 결정된다. 총체적 힘이란, 한 행위자의 외부 세계 전체에 대한 자원, 능력, 입장을 말하는 것으로, 행위자의 자원과 소유물의 총합을 의미한다. 이슈별 힘이란 구체적 이슈에서 다른 행위자에 대한 한 행위자의 자원과 입장을 의미하는 개념으로 협상가 간 관계에 있어서의 권력 구조에 중점을 둔다. 대안이란 협상자가 원하는 결과를 상대와의 협상이 아닌 다른 방법에 의해 얻을 수 있는 능력을 말하며, 커밑먼트(Commitment)는 협상가가 원하는 협상 결과를 얼마나 원하는지 혹은 얼마나 필요로 하는지의 정도를 말한다. 통제력이란 협상가가 일방적으로 원하는 결과를 획득할 수 있는 능력이며, 형태적 힘이란 행위자의 구체적 행위에서 유래되는 힘을 의미한다. 이는 협박, 연합 형성, 약속, 보상, 양보 등의 여러 가지 구체적 전술의 형태로 나타난다.

협상력을 구성하는 자원은 자신의 이해에 관련된 정보 통제력, 자원 통제력, 협상자의 권위와 명성에 기초하는 정통성, 협상자의 국내·외적 협상 위치, 협상 참여자의 개인적 역량 등으로 다양하다. 즉 협상에서는 총체적 힘을 바탕으로 구체적 전략을 이용하여 이슈별 힘을 변화시킴으로써 원하는 협상 결과를 얻어내려는 방식으로 나타나게 된다.

따라서 한·일 월드컵 공동개최가 시사하는 점은 FIFA라는 외부적 힘에 의하여 이루어진 것이라기보다, 서로의 힘을 이해하고 윈-윈을 통해 얻을 수 있는 상호 이익을 앞세운 한 · 일 양국의 주도로 이루어졌다고 볼 수 있다. 또한 월드컵 공동개최 결정은 한 · 일 간 새로운 분위기 조성에 기여하여 양국 국민이 과거사라는 관점에서 벗어나 양국이 공동으로 추진하는 일을 통하여 미래지향적인 시각으로 양국 관계를 바라볼 수 있는 계기를 제공하였다.

>>> 고객이 바라는 것을 파악하라

첫 대면에서 쌍방의 생각이 일치하리라고는 기대하기 어렵다. 서로 다른 차이를 어떻게 좁혀 가느냐가 협상의 관건이다. 자기만의 욕심을 채우려고 남의 말에 귀 기울이지 않는다면 좋은 협상을 할 수 없을 것이다. 고객이 바라고 있는 것은 자기 것을 당신에게 하나 주고 당신 것을 하나 받으려는 것이다.

1998년 삼성중공업(SHI)과 볼보건설기계(VCE)의 협상은 서로가 바라는 것을 파악하여 전략적으로 상호 윈-윈한 사례라 할 수 있을 것이다.

삼성중공업과 볼보건설기계는 1998년 1월 중장비 부문 양수도 협상을 시작으로 6개월째 되던 7월 볼보의 삼성경영권 인수로 협상을 마무리 짓게 되었다. 길지 않은 시간 안에 양자 간의 협상이 순조롭게 이루어진 데에는 다음과 같은 배경이 있었다.

삼성중공업은 노태우 정부 시절 주택 2백만 호 건설이 한창이었던 1993~1994년 당시만 해도 2년 연속 1천 억 흑자, 시장점유율 35%로 대우중공업과 함께 시장 점유율 수위 다툼을 벌이며 삼성그룹의 효자 노릇을 했었다. 그러나 1995년부터 시작된 불경기와 부동산·건설 경기의 극심한 침체로 1996년 중장비 분야에서 2천6백 억의 적자를 기록하게 되고, 이어 1997년 말에 불어 닥친 IMF 한파로 인해 결정적인 타격을 받게 되어 부채비율이 500%에 이르게 된다. 따라서 삼성중공업에게는 당장 닥친 부채비율을 줄이고, 효율성이 적은 중장비 분야에 대한 해결책이 필요했다. 당시 북미와 유럽에 수출판매망을 잘 구축하고 있던 볼보건설기계도 나름대로의 문제점을 가지고 있었는데, 유럽시장에 대한 지나친 의존과 어중간한 시장 포지션 등이 대표적인 것이었다. 1996년 당시 볼보건설기계의 매출액 비율을 보면 유럽 57%, 북미 27%, 기타 16%로 유럽시장에 대한 집중 정도가 매우 컸다. 하지만 당시 세계 건설기계 시장의 비율을 보면 유럽의 비중은 28%로 전체 4분의 1에 지나지 않았다. 그러므로 세계 시장의 60% 가량을 차지하는 북미와 아시아 시장으로의 진출은 볼보건설기계에게는 전략적으로 필수적인 선택이었다. 그리고 1998년 볼보의 매출 현황을 보면 덤프차량의 비중이 30%, 굴삭기의 비중이 16%임을 확인할 수 있다. 특히 VCE는 당시 덤프차량 시장의 50% 이상을 차지하고 있을 정도로 세계적인 경쟁력을 가지고 있었다. 하지만 『한국건설기계공업협회지』 197년 4월호에 의하면 전 세계 건설기계 시장에서 굴삭기의 비중은 45%, 덤프차량의 비중은 3%라고 되어 있다. 그러므로 볼보는 세계시장에서의 위상을 높이기 위해 굴삭기 분야로의 본격적인 진출이 필요했다.

마지막으로 볼보의 시장 포지션을 살펴보면, 카타필러(Catepiller)와 같은 소수의 모든라인(full-line)을 갖춘 글로벌 기업과 비교하여 라인 수와 규모 면에서 열세한 반면, 지역·제품별로 전문화된 다수의 특정 전문기업들보다는 규모 면에서 훨씬 큰 어중간한 위치였다. 그러므로 세계시장을 지향하는 볼보에게는 글로벌 기업 쪽으로의 포지셔닝 이동이 필요했다.

두 회사가 협상을 통해 얻고자 하는 바는 다음과 같았다. 우선, 삼성은 채산성이 낮은 중장비 분야 사업을 정리하고 부채비율을 낮춰 재무구조를 개선하고자 하였다. 뿐만 아니라 볼보의 뛰어난 승용차 기술도 제휴하고자 하였다. 볼보는 굴삭기 부문을 강화하고 본국 스웨덴과 비교해 낮은 한국 임금을 이용하고자 하였다. 그리고 아시아에서 좋은 이미지를 가진 삼성의 이미지를 이용해 한국을 아시아 진출의 전초기지로 활용하고자 하였다. 이러한 서로의 입장을 바탕으로 협상의 본 단계로 들어갔으며 각 사가 제의한 내용과 결과, 최종 협상 결과는 다음과 같다.

❑ 삼성이 볼보에 제의한 내용 및 결과

삼성	볼보
① 고용자 완전 승계	99.9% 승계
② 채무 인수	No
③ 채권 인정	Ok
④ 승용차 기술제휴	Ok

❑ 볼보가 삼성에 제의한 내용 및 결과

볼보	삼성
①필요 시 해고 보장	정부가 보장
②국내 영업망 승계 & 삼성 상표권 보장	영업망 승계 Ok
③근로자 반발 무마	직원에 위로금 500만 원 지급
④창원 그린벨트 해제	정부가 적극 검토
⑤삼성의 지분 참여	10% 내외에서 Ok
⑥삼성의 건설기계장비 완전 철수	10년 내 재진입 금지

첫째, 삼성중공업 중장기분야의 양도가격은 자산 5억 7천2백만 달러와 매출채권 1억 5천만 달러를 합해 총 7억 2천2백만 달러였다. 둘째, 인력과 기계, 설비를 포함한 유무형자산 및 해외 판매법인을 완전 양도하였다. 셋째, 필요 시 삼성(SAMSUNG)의 브랜드를 3년간 사용하게 하였으며 그 대가로 로열티 4.5%를 지불하게 하였다. 넷째, 볼보의 요구대로 삼성은 10%의 지분참여를 하기로 하였다. 다섯째, 삼성의 고용이 완전승계 되었다. 여섯째, 볼보는 1년 내에 매각대금을 지불하기로 하였다.

협상의 마지막인 사후단계로 들어가 협상내용에 대한 성과 및 평가를 해보면, 삼성은 부채비율을 낮출 수 있게 되었고 채산성이 없는 중장기 분야를 정리하고 조선과 기존의 핵심역량 사업에 집중할 수 있게 되었다. 뿐만 아니라 브랜드 사용을 승낙하여 로열티를 받게 됨으로써 부가적인 수익까지 생기게 되었다.

볼보의 경우에는 취약한 아시아 및 한국 시장 공략을 위한 교두보로 삼성을 활용할 수 있게 되었고, 굴삭기 분야 생산성의 비약적인 성장을 꾀할 수 있게 되었으며, 삼성의 훌륭한 인력 등의 자원과 브랜드를 계승할 수 있게 되었다. 나아가 볼보는 스웨덴 본지의 생산성 있는 시스템을 도입해 창원공장의 경쟁력을 세계적인 수준으로 끌어올릴 수 있었고, 자본의 적극적인 투입으로 누적적자를 해소하고 차입금에 대한 이자부담 또한 감소시킬 수 있었다.

마지막으로, 창원공장의 경쟁력을 세계적인 수준으로 끌어올릴 수 있었던 것에 대한 이유를 살펴보면 다음과 같다. 첫째, 둘은 상충하지 않는 이해관계를 가지고 있었다. 삼성은 빠른 시간 안에 협상을 통해 중장비 분야를 정리하고 싶어 했고, 볼보는 제값을 주더라도 빠른 인수를 통해 하루

빨리 정상화시키는 데에 관심을 가지고 있었다. 둘째, 삼성의 경우 상대가 원하는 것을 주되 필요한 것은 반드시 챙겼다. 아시아 내에서 좋은 이미지를 가지고 있는 삼성은 볼보 역시 세계적인 브랜드로 자사 이미지에 해가 되지 않을 것이라고 판단하여 브랜드 사용에 대해 양보를 하였고, 이에 대한 로열티는 분명히 요구하였다. 셋째, 협상 후에도 공식적인 관계를 유지하게 되었다. 볼보는 삼성에 지분 참여를 통하여 불안한 투자에 대한 보험과 더불어 협상 후에도 관계를 유지할 수 있도록 하였다. 넷째, 단기간에 타결을 보며 양자 간의 윈-윈을 이끌어 냈다. 볼보는 대우차 협상과 관련한 GM의 태도와 같이 시간 끌기 등의 비신사적인 방법은 쓰지 않았다. 그리하여 6개월이라는 짧은 시간 안에 양자가 만족할 수 있는 협상을 이룰 수 있게 되었다.

이러한 결과는 상호 간에 원하는 핵심을 정확히 파악하고 서로에게 줄 것과 받을 것들을 사전에 충분히 검토하고 제시한 결과라고 할 수 있을 것이다.

좋은 협상 결과를 얻어내려면 다양한 전략과 전술이 있어야 하지만 경우에 따라서는 기발한 역(逆)발상을 시도하는 것도 난해한 협상을 유리하게 만들어 낼 수 있다.

이스라엘 텔레폰 사와 휴대폰 공급계약을 성사시킨 사례를 소개하겠다.

세계 굴지의 통신기기 회사들이 경쟁을 벌이고 있는 휴대폰 시장. 그 중에서도 치열한 선두다툼은 모토롤라와 노키아, 삼성의 3강 체제로 굳어져 있다.

1998년 11월 어느날 삼성휴대폰 직원들이 김포공항 출국장으로 들어섰다. 그들의 목적지는 중동의 기술 강국 이스라엘. 이스라엘은 첨단기술에 대한 선호도가 가장 높은 나라로 전자통신업계에서는 신제품의 시험장으로 통한다. 그러나 한국 휴대폰은 아직 이 신천지의 문을 열지 못하고 있었다. 이스라엘 시장을 개척하기 위해 삼성휴대폰은 4개월 전부터 이스라엘 제일의 통신업체인 텔레폰 사를 접촉해 왔다. 공교롭게도 이 회사의 대주주는 모토롤라. 세계 2위의 휴대폰 업체인 모토롤라의 한복판에 들어가서 삼성휴대폰을 팔겠다는 것이다.

텔레폰 사는 이런저런 이유를 대며 삼성휴대폰에 냉담했다. 당연히 대주주인 모토롤라를 의식했기 때문이었다. 그러나 삼성휴대폰은 순순히 물러설 상대가 아니었다. 그들이 요구하는 대로 몇 번이고 디자인과 기능을 바꾸어 다시 내밀었다.

그렇게 해서 다가온 마지막 협상의 순간, 이 프로젝트의 총 책임을 맡았던 삼성전자 해외마케팅 담당 상무는 직감적으로 이렇게 느꼈다고 한다.

"이 사람들을 첫 단계에서 충분히 이해시키지 못하면 결국 인정받지 못할 거라는 절박한 심정이었어요."

그리고 이어진 그의 괴이한 행동. 텔레폰 사가 다시 내민 휴대폰을 사정없이 때리고, 밟고, 내동댕이쳤다. 그리고 나서 통화를 시도했고, 형편없이 망가진 휴대폰인데도 멀쩡하게 통화가 됐다. 텔레폰 사 임직원들의 입이 딱 벌어졌다.

텔레폰 사 부사장은 당시 상황을 이렇게 설명했다. "처음에 대주주사인 모토롤라가 달갑지 않게 여긴 것은 사실입니다. 하지만 결국 텔레폰의 이익을 위해 삼성휴대폰을 받아들여야 한다는 사실을 이해했습니다." 그리고 얼마 후 양사 간에 휴대폰 공급 계약이 체결되었다.

그 뒤로 현재까지 이스라엘 휴대폰 시장에서 삼성휴대폰은 최고 65%를 차지, 부동의 1위 자리를 지키고 있다.

>>> 온라인 MSN 접속 중

날아라 아톰 : 춘향아 네가 눈물 나게 좋아할 만한 일이 생겼어^_^

춘향 : 어우, 눈물 나게 좋아할 일 아니면 혼날 줄 알아!! 그런데 무슨 일?

날아라 아톰 : 맨 입으로 가능한 거면 벌써 다른 애한테 넘겼지. 일단 약속 부터 하시지. ○○○ 쏴라.

춘향 : (원래 저런 행동을 하지 않는 아톰이 극도로 오버를 하자, 춘향 '밑 져야 본전이다!'라는 생각에 덥석 수락을 하고 만다.) 뭐, 일단 들어나 보고.

날아라 아톰 : 훗! 이번 주 토요일 비워 놓아라. 언니가 소개팅 자리 깔아 놨다. 2말3초(2학년 말, 3학년 초에 남자 친구가 생기지 않으면 포기하라.) 의 오명을 씻을 수 있다는 사실에 날아갈 듯 기뻐하던 춘향은 소개팅 자 리를 위한 옷을 사기 위해 쇼핑의 메카 동대문으로 원정을 떠나게 된다.

〉〉〉 동대문 G보세 옷가게

이리저리 두리번거리다가 춘향, 드디어 눈이 번쩍할 만한 옷을 발견하고 숨을 멈추고 가격표를 본다. 소비자 가격 8만 원, 가져온 돈은 딱 7만 원. 돌아갈 차비를 생각하고 돌아가는 길에 저녁이라도 사 먹으려면 모자라도 한참 모자라는 돈이기에 춘향은 눈 딱 감고 등을 돌린다. 그러나 다른 층을 돌아보고 또 돌아봐도 그 옷만 눈앞에 어른거릴 뿐이다. 자신도 모르게 다시 발걸음을 옮겨 그 옷가게에 들어간 그녀.

주인 : 언니, 뭐 찾는 거 있어요?

춘향 : (눈은 그 옷에 딱 고정되어 있다.) 언니, 이거 더 싸게 안 팔아요?

주인 : 어머 언니! 이거 백화점 들어가면 20만 원도 넘는데 더 싸게 부
　　　르면 내가 남는 게 하나도 없지이~~~ 그런데 언니 학생이야?
　　　그럼 내가 동생 주는 셈 치고 조금 깎아 줄 수는 있는데…….

(춘향의 머리 굴리는 소리가 들리는가. 얼마를 더 깎을 수 있을 것인가.
머리를 팽팽 돌리고 있는 그녀. 협상론에서 배운 단계를 써 먹기로 마음먹는다. 역시 밑져야 본전 아니던가! 이럴 땐 어떻게 해야 하더라?)

〉〉〉 불리하면 교란시켜라

옷에서 시선을 거둔 채 그녀는 딴청을 피우며 이 옷 저 옷 만지작거린다. 가격을 물어보기도 하고 '여기 아니면 갈 곳이 없을까 봐?' 하는 분위기를 강하게 내뿜는 것이다. 여기서 옷가게 주인의 심리는 다소 불안해지기 시작한다. 아까까지만 해도 시선이 그 옷에 고정되어 있던 그녀인데, 이제는 금방이라도 등을 보일 참이니. 게다가 요즘 매출액도 30%가 줄어

들어 본인의 커미션에서라도 깎아 줄 수밖에 없는 상태였다. 뚜두두두! 주인의 머릿속에는 이미 회로가 돌아가고 있는 상태이다.

춘향 : 아니 뭐, 딱히 사려고 하는 건 아니고요. 이런 건 백화점에서 세일할 때 사도 이 가격이면 되겠더라고요. 그냥 다른 옷 좀 볼게요.
주인 : (이런 좀 깎아 줘야겠군. 대체 얼마로 해줘야 하나. 뭘 좀 더 얹어 준다고 해야 하나?)
　　　음~~~ 학생 가지고 온 돈이 얼만데?
춘향 : (앗싸, 먹히는데?) 아니, 그게 문제가 아니라 일단 한번 볼게요, 언니.
춘향은 열심히 다른 물건들을 관심 있는 척 하면서 주위를 산만하게 만들고, 주인의 마음을 교란시키는 단계를 높여가고 있다.

》》》 복수방안을 준비하라

'지피지기(知彼知己)면 백전불태(百戰不殆)' 라고 하던가. 고수들에게는 백전불패란 말은 없는 법. 단지 위태로움을 피할 뿐이다. 평소에 친구들과 학교 근처 옷가게를 자주 기웃거리며 옷가게 주인들과 친분을 쌓아 왔던 그녀는 대략 그들에게 떨어지는 마진이 얼마인지 짐작하고 있었다. 이것저것 복잡하게 이야기하지 않더라도, 옷감을 만져 보면 세탁기에 넣고 빨아도 줄거나 늘지는 않겠구나, 이 정도 질이면 가격이 어느 정도 하겠구나 등의 사실을 파악할 수 있는 상태! 그래서 춘향은 다시 한 번 머리를 굴리기 시작했다. '불태(不殆)'를 '불패(不敗)'로 바꾸기 위한 전략이 시작된 것이다.

춘향 : 스타일은 이것밖에 없나 보죠? 다른 곳에 가면 옆에 코사지(브로치) 달린 것이 여기보다 1~2만 원 정도 싸더라고요. 이건 코사지도 없는데, 비싸네. 흐음??.

주인 : (당황하며) 에이, 언니. 그건 센스지. 까짓것 코사지 내가 하나 달아 줄게. 그리고 현금으로 하면 1만 원 정도는 빼 줄 수 있긴 해, 그런데 이거 아무한테나 말하면 안 되는 거 알지? 나도 다 밑지고 하는 장사라 더는 안 돼.

춘향 : (손으로 옷감을 만지며) 어??. 이거 폴리(폴리에스테르)가 섞여 있네. 이런 건 여름에 땀 흡수도 잘 안되는데. 조금 그렇다 언니. 요즘 면도 이렇게까지 안 비싸요. 그리고 이 치마 주름 더 잡힌 건 안 나오나 봐요? 잡지에 보니까 OOO가 입었는데 예쁘던데, 저 끝에 있는 점포에서 본 것 같은데??.

주인 : ('딴 데 가서 알아봐!' 소리가 입 밖까지 나오는 것을 가까스로 참는다) 어, 어, 그래? 여름에 좀 더울 수도 있겠지. 에이, 언니, 내가 인심 썼다. 6만 원만 줘. 더 이상 그 밑은 안 돼. 이거 주름 잡으라고 수선비로 빼 주는 거야. 알지, 언니?

〉〉〉 한 박자 더 당기고

그녀는 주위에 자신 말고는 다른 손님이 없는 것을 확인한다. 계산하려고 하는 찰나, 내친 김에 좀 더 깎아 보기로 마음먹는 춘향, 약간 인상을 쓴다.

춘향 : 어머, 언니, 제가 딱 6만 원을 가지고 왔는데 차비가 없는 거 있죠! 어쩌지??.

주인 : (버럭! 화가 나려는 것을 참고 인내심을 발휘하여 말한다.)

어, 그래? 그럼 내가 깎아 주는 수밖에 없겠네. 그래, 그럼 5천
원 더 깎아 줄게.
춘향 : 그럼 저 집 것보다는 이게 낫겠네. 감사합니다. 히히~~~

이 물건 저 물건 또는 이 집 저 집의 물건들을 가리키면서 교란시켜라. 가격에도 관심 없는 척 하든지, 아니면 다른 집의 다른 물건에 관심이 있는 것처럼 혼란시키는 것이다.

경찰서에 강도 용의자가 체포되어 조사를 받고 있다. 순박하게 보이는 경찰관이 용의자를 심문하면서 사건경위를 조사하고 있다. 용의자는 순박한 경찰관이 묻는 질문에 핵심을 피하려고 요리조리 말꼬리를 돌리고 있다. 순박한 경찰관이 책상을 내리치면서 "진짜 이럴 거야?"라고 소리를 치면, 성질 급하고 험상궂게 생긴 경찰관이 달려와서 용의자를 사정없이 혼찌검을 낸다. "그만하게나."라는 말이 나오면 다시 파트너를 바꿔 순박한 경찰관이 용의자를 타이르면서 조사를 계속한다. 이러기를 서너 차례 반복하면서 용의자의 진술을 받아 낸다.

팀 구성원이 서로의 역할을 분담하여 움직이는 것도 필요에 따라 좋은 협상전략이 된다.

>>> 3+ 질문으로 공략하라

3+ 질문의 핵심은 자신의 이야기를 하는 것이 아니라, 상대방이 이야기를 하도록 유도하는 데 있다. 또한 3+ 질문은 바둑에 있어서 미리 바둑알을 놓아야 할 곳에 대한 수를 읽듯이 자신이 던지는 질문에 대하여 상대방이 어떻게 나올 것인가를 미리 예측하여 질문을 준비하는 것이기도 하

다. 3+ 질문의 핵심은 내가 이미 설계한 전략 속으로 상대방이 유인될 수 있도록 질문을 준비해야 한다는 것이다.

3+ 질문은 탁구 이론과는 좀 다르다. 탁구 이론은 내가 한마디 하고, 상대가 한마디 하는 전략으로 상호 의견을 주고받는 이론인 반면, 3+ 질문은 상대방에게 먼저 묻고 → 대답한 것에 질문하고 →칭찬과 격려로 마무리를 한다.

>>> 어떻게 생각하십니까?

　　(상대방에게 먼저 물어보고, 그 이야기의 꼬리를 물어)

→ 아, 그러셨군요. 그래서 어떻게 하셨는데요?

　　(이야기를 듣고, 칭찬으로 마무리한다)

→ 그쪽에서 인정하셨군요. 대단하십니다.

3+ 질문으로 공략하기에 앞서 질문하는 것에 대하여 우선 이야기 해 보자. 질문도 어떻게 하느냐에 따라 상대방의 반응이 달라질 수 있다는 경험들을 많이 했을 것이다.

언젠가 한 기업체 강의에서 교육생들에게 이런 질문을 했었다.

"시중에 화두가 되고 있는 ○○○ 책을 읽어 보신 분 손들어 보세요."

손을 든 사람이 1명 있었고, 그도 이상하다는 생각을 했던지 얼른 내렸다. 교육장은 갑자기 침묵과 무거운 기운으로 변해 버렸다. 그날 강의가 끝날 때까지 분위기를 바꾸느라 무척 고생을 했었다. 그 일이 있은 후에는 질문하는 방법을 바꿔 보기로 했다.

"시중에 화두가 되고 있는 ○○○책을 안 읽어 보신 분 손들어 보세요."

최근에 나온 책이라 소문은 들었지만 바쁜 업무로 많이들 읽지 못했나 보다. 사람들이 머뭇거릴 때 얼른 말을 던졌다. "다 읽어 보셨군요." 그러자 사람들은 큰 소리로 웃기 시작했으며, 교육장 분위기도 매우 좋아졌다. 교육에 대한 관여도가 높아지고, 의욕적으로 참여하는 것이 느껴질 정도였다.

어떻게 질문을 하느냐에 따라 상대가 느끼는 것의 차이는 상당히 달라질 수 있다. 우리가 3+ 질문기법을 활용하더라도 질문이 상대방을 심문하는 느낌을 줘서는 안 된다. 상대가 이야기하는 말에 꼬리를 물고 질문을 던지게 될 경우 맞장구를 치면서 긍정적인 표현을 보여주는 것 또한 잊어서는 안 된다.

>>> No, Yes로 답하게 하지 말라

라디오에서 경상도 부부의 살아가는 이야기를 들은 적이 있다. 흔히들 경상도 사람들이 무뚝뚝하다고 하는데, 그 대표적인 사례를 보여주는 내용이었다.

경상도 출신 부부가 경상도에서 살다가 남편의 직장 문제로 경기도 인근으로 이사를 왔다. 그런데 주변에 아는 사람도 없고, 다른 사람과 선뜻 이야기할 수 있는 성격도 못 되다 보니, 부인에게는 심한 우울증상이 나타났다. 그래서 이것을 고쳐 보기 위해 부인은 남편에게 다음과 같은 제안을 했다.

부인 : 바라, 신랑. 나 갱상도에서 살다 갱기도로 이사를 와서 다른 사람들과 이야기도 못하겠고, 아는 곳이 없어 나돌아 다니지도 못하다 보니 우울증이 온 것 같은데 이래서는 안 되것다. 하여 당신에게 3가지를 제안하니 반드시 지켜 주기 바란다. 알았나?

첫째, 하루에 1시간씩 이야기하기. 둘째, 결혼하고 단 한 번도 사랑한다고 말하지 않았으니 이제부터 하루에 한 번씩 사랑한다고 말하기. 마지막으로 스킨십. 알제? 그것 하기다.

이야기를 듣고 나서 남편은 부인의 증세가 심각하다고 생각해서 부인이 제안한 것들을 실행하기로 했다.

남편 : 여보, 우리 회사 남 과장 알제? 그 넘아 이번에 딸 낳았단다.
부인 : 근나.
남편 : …….(침묵)

남편 : 여보, 지난번 부산에서 만난 부장님 오늘 이사 달았다.
부인 : 닌 뭐끼!
남편 : …….(침묵)

첫 번째 미션은 실패로 끝났다.

밤이 되었다. 사랑한다는 말을 해 달라던 부인의 말을 생각하며 실행에 옮기기로 했다. 딸아이가 그날따라 함께 자겠다고 베개를 가지고 중간에 끼어들어 왔다. 남편은 아이 건너편에 있는 부인을 향해 나지막한 소리로 "여보~~해." 부인은 얼떨결에 뒷말만 들었다. "뭘 하자꼬? 아이 듣는다.

쑥스럽게 시리 뭘 해."

두 번째 미션도 실패로 끝났다.

다음날 아침 남편이 출근하면서 세 번째 미션을 실행하기로 했다. "여보, 이리 와 봐라." 신랑은 머리 끝자락에 입술을 간신히 대고 문을 열고 나가 버렸다. 기대하고 있던 스킨십은 그런 것이 아니었다. 이래서 세 번째 미션도 효과 없이 끝났다.

경상도 남자들이 정말 그런지는 모르겠지만, 진짜 퇴근 후 하는 말이 "밥 먹었나? 아는? 자자."의 세 마디가 전부라면 심각한 문제가 아닐 수 없다.

비즈니스를 하는 테이블에서도 상대방이 던지는 질문에 답만 달거나, 상대방의 이야기를 'Yes' 나 'No' 로 답하게 만든다면 대화는 5분 이내에 끝나고 말 것이다. 비즈니스 협상테이블에서는 서로의 입장과 생각을 충분히 전달할 수 있도록 "묻고, 질문하고, 마무리하기"를 반복하어야 좋은 결과를 얻을 수 있다. 중요한 비즈니스가 5분 이내에 끝이 난다면 당신도 큰 성과를 기대하진 않을 것이다. 'Yes' 와 'No' 가 반복되면 상대는 심문을 받는 듯한 좋지 않은 기분을 느끼게 될 것이며, 다시는 당신을 만나려고 하지 않을 것이다.

당신의 이야기보다도 상대방이 하고 싶은 이야기를 충분히 할 수 있도록 리드하는 기술이 필요하다. 상대방을 전문가로 인정하고 한수 배운다는 생각으로 계속 이야기를 할 수 있도록 배려하는 것에 협상의 길이 열린다는 것을 기억하기 바란다.

>>> 미리 판단하지 말고 주의 깊게 들어라

어떤 전문가들의 모임에 간 적이 있었다. 모두 지식과 말로 먹고 사는 이들이라 남들 앞에서 말하기 좋아하는 습성이 있는 사람들이었다. 이미 매스컴에 알려진 사람도 있었고, 책을 출판해서 베스트셀러로 유명해진 사람도 있었다.

전문가들의 모임을 성공적으로 이끌기 위한 전략을 수립하는 자리여서 참석하게 되었다. 잘 알려진 분이 이야기를 시작했다. 그가 자신의 커리어를 장황하게 늘어놓는 과정에서 다른 사람이 끼어들었다. 끼어든 사람보다 자신이 속해 있는 기관이 우수하다는 이야기를 증명해 보이려고 10여 분을 소요했다. 핵심적인 이야기로 다시 접어들었을 때는 이미 20여 분이 지난 뒤였다. 시간이 너무 지나서 말하는 사람도 자신이 무슨 이야기를 하려 했는지 목적을 잊어버린 것 같았다. 그의 이야기는 핵심을 벗어나고 있었다.

남의 말에 끼어들기 좋아하는 사람들은 보편적으로 상위 직급이거나, 그 분야에 대해 많이 알고 있는 전문가들이다. 그렇지 않고서는 남의 말에 끼어들기 어렵다. 상위 직급으로 올라가면 갈수록 말이 많아지고 참견하기 좋아한다. 전문가라고 하는 사람들도 그 분야에 초년생들이나 비전문가들이 하는 이야기를 들으려고 하지 않는다. 왜냐하면 자신은 이미 그 사람이 무슨 말을 할 것이란 것을 알고 있기 때문이다. 만약 상위 직급이나 전문가들이 상대방의 말을 끊어 이야기를 자르고 자신의 주장을 강력하게 어필한다면 그 조직이나 기관은 더 이상 성장할 수 없음을 명심해야 한다.

이러한 경우는 가까운 사람들 사이에서도 자주 일어나며, 끼어드는 사람은 습관적으로 하게 됨으로써 다른 사람들은 으레 말할 필요성이나 준비를 하지 않을 수 있다. 누군가가 이러한 사람을 냉정하게 지적하고 시정시키지 않으면 더 큰 변화와 성과를 기대하기는 어렵다.

상대에게 많은 이야기를 할 수 있게 만들면 비즈니스는 성공할 확률이 높아진다. 이유는 간단하다. 상대방이 많은 말을 하는 과정에서 중요한 정보를 흘리거나, 중요한 핵심사항을 이야기할 수 있으며, 자신이 한 말에 대해서는 책임을 질 수밖에 없기 때문이다.

평소에 말이 많은 사람이나, 남 앞에 서서 이야기를 많이 하는 사람은 오히려 비즈니스 협상가로는 부적합할지도 모른다. 남 앞에 서서 말을 많이 하는 사람도 어느 정도의 경지에 이른 사람은 경험과 지식을 잘 활용하여 성공적인 비즈니스를 마무리할 수 있겠지만 대부분의 사람들은 끼어들기 좋아하고, 남의 의견보다도 자신의 주장을 관철시키려는 습성이 강하다는 것을 부인하기 어렵다.

상사들은 부하 직원들이 비즈니스 협상을 준비한다면 이러한 부분에 대하여 사전에 철저하게 훈련이 될 수 있도록 지도하여야 하며, 의식적으로라도 자제할 수 있도록 교육시켜야 한다.

>>> 경청하라

경청하는 것에 비즈니스의 길이 있다.

큰 비즈니스나 작은 비즈니스나 서둘러 결과를 얻으려 한다면 자신의 이야기를 많이 하게 된다. 경청하는 데 익숙하지 않은 사람은 위에서 이야기했듯이 상대의 말에 대하여 미리 자신의 주관대로 판단하여 자신의 의견이나 주장을 이야기하곤 한다. 흔히 '갑'이라 칭하는 사람들의 입장에서서 경청하려 하지 않는다.

셋톱박스를 만들고 있는 국내 H사와 계약한 독일의 프리미에르 방송사는 H사가 처음 제안한 셋톱박스 상품에 대한 결함을 지적하고 1달이면 끝낼 수 있다는 H사 관계자의 말을 믿고 기다렸다. 그러나 완성된 제품을 받는 데는 무려 1년여 시간이 소요되었다. 하지만, 한국의 작은 벤처기업 H사의 이야기를 끝까지 경청하고, 한결같은 태도로 기다려 준 결과 독일 방송사 중 최고의 자리에 오를 수 있게 되었다.

만약 당신이 외국 기업과 비즈니스를 한다면 상대가 이야기하는 중간에 말을 자르겠는가? 그들의 이야기를 끝까지 다 듣고 자신의 의견을 어필한 경험들을 가지고 있을 것이다. 이처럼 외국 사람들과 비즈니스를 할 때 경청이 잘되는 이유는 무얼까? 서로의 입장을 존중하고, 상대방이 어떤 말을 하는지 끝까지 듣고, 그가 요구하는 사항을 정확하게 전달하여 비즈니스를 성공시키기 위한 노력이 간절하기 때문이다.

바로 그것이다. 이익이 많고 적고를 떠나, 규모가 크든 작든 이처럼 상대를 배려하고 서로의 입장을 충분히 고려하면서 비즈니스를 진행시키면 반드시 좋은 결과가 있을 것이다.

>>> 상상하지 말고 있었던 그대로 기억하라

큰 프로젝트를 진행하는 실무자로서의 책임을 띠고 클라이언트를 만나고 왔다. 회사에 도착하여 최고 경영자에게 미팅 결과를 보고하는 자리에서 담당자가 주관적으로 해석해서 보고하는 경우가 많다. 이러한 경우 최고 경영자는 실무자의 말을 듣고 중대한 의사결정을 하게 된다. 모 회사의

CEO로부터 이런 이야기를 들었다.

"비록 직급이 대리나 과장이지만 권한과 책임과 의무를 100% 이상 가지고 있는 사람이 있는가 하면, 직급이 높더라도 70%의 권한을 가지고 있는 사람이 있다. 어떤 일을 지시했을 때 5가지를 주면 7가지를 해오고, 7가지 일을 던져 주면 10가지를 명확하게 해오는 사람에게는 직급을 떠나 100% 이상의 권한과 책임과 의무를 주지만, 7가지 업무를 맡기면 5가지를 해오고, 10가지를 줬는데 7가지밖에 못해 온다면 나머지 부분에 대해서는 반드시 확인하게 된다."

당신은 과연 조직의 최고 경영자로부터 얼마만큼의 신뢰를 받고 있는가? 당신이 이 부분을 명쾌하게 해결할 수 있다면 더 많은 신뢰를 얻을 수 있을 것이라고 확신한다.

자신이 맡은 프로젝트나 업무에 대하여 사실적이어야 한다. 부서마다 신규 사업계획서를 많이들 작성한다. 여러 팀원이 모여서 며칠 밤을 새면서 정보를 찾고, 다른 기관들을 방문하여 전문가의 의견도 듣고, 계획서를 최종 보고한다. 최고 경영자는 당신이 준비한 모든 서류를 검토하고 한마디 질문을 던진다. "이 프로젝트에 대하여 당신 돈을 내서라도 할 수 있겠는가?"

당신이 수집한 정보나 전문가의 의견을 사실 그대로 반영하였다면 당신은 분명 자신 있게 실행 가능성의 여부를 밝힐 수 있을 것이다. 하나하나 확인할 수 없고, 따라다닐 수 없기에 사실적인 정보를 제공하는 것은 무엇보다도 중요한 것임을 명심하기 바란다.

이런 경험을 한 적이 있다. 학교로부터 큰 프로젝트를 받아 고민하던 끝에 이미 규모경영을 하고 있는 외부 기관을 연결하는 것이 시간과 돈, 인력을 줄일 수 있다는 판단을 하여 연구원에게 그 일을 지시한 적이 있었다. 이번 프로젝트로 큰 성과를 내겠다는 의지로 한 연구원이 적극성을 보이기에 그 일을 맡기기로 결정하고 일을 위임했다. 연구원은 외부 기관을 혼자서 방문하면서 상당히 긍정적인 내용을 보고했다. 아마도 외부 기관에서는 큰 수익이 없더라도 학교와 연결하여 프로그램을 진행하는 것인 만큼 수익보다는 관계를 갖는 것에 의미를 두는 것이라고 생각하면서 내심 기대가 컸었던 것 같다.

연구원은 일주일 정도면 그곳에서 최종 의사결정을 전해올 것이라고 보고했다. 그 일주일 동안 연구원은 몇 차례 더 그 기관을 들락거렸다. 그러나 일주일 후, 그 결과는 전혀 예상 밖이었다. 수익도 적고, 다른 급한 프로젝트가 생겨 학교와 일하기 곤란하다는 이야기와, 학교에서는 프로젝트를 진행하는 사람도 적고 비전문가들로 구성되어 도저히 함께 일할 수 없다는, 이미 우리가 문제로 지적한 내용을 그대로 전해 온 것이다.

경험이 없는 연구원을 보낸 것이 우선 잘못되었다. 그리고 외부 기관들과 비즈니스 하는 방법을 가르치지 못한 잘못도 있었다. 그러나 필드에 나가서 프로젝트의 내용을 전달한 연구원이 상담한 사실을 정확하게 전달하지 않은 것이 더 큰 문제를 만들었다. 결국 일주일이란 귀중한 시간을 낭비하고 필자가 직접 나서서 문제를 해결하려 했을 때는 더 큰 문제에 봉착하고 말았다. 연구원이 책임도 질 수 없는 이야기들을 외부 기관에 너무 많이 했다는 사실을 뒤늦게 알았으며, 프로젝트의 진실이 왜곡된 상태여서 상대로 하여금 신용을 회복하기에는 많은 노력과 설득이 필요했으므로, 결국 학교의 이미지를 감안하여 프로젝트를 포기하기로 결정했다.

상대방의 이야기를 정확하게 이해하고 전달하는 것도 중요하지만, 자신이 책임질 수 없는 선을 넘어 이야기하는 것 또한 삼가야 한다.

좀 더 정확하게 하기 위하여 상대가 이야기하는 것을 메모하는 습관과 메모한 사실에 대하여 확인해 두는 것 또한 잊어서는 안 된다. 자신이 메모하고 물어본 내용에 대하여 자신이 이해하지 못했다면 이해할 때까지 예의를 갖춰 물어보아라. 이것은 결코 결례가 되지 않는다. 예의를 갖추고 모르는 것을 알려고 노력한다면 오히려 당신을 좋은 파트너로 생각할 것이다. 선수나 전문가 앞에서 아는 척하는 것보다는 오히려 현명한 태도라 하겠다.

사례는 조금 다르지만 위에서 이야기한 H사가 유럽시장을 개척하기 위하여 바이어를 만나기로 한 날, 엄청나게 많은 비가 갑자기 내렸다. 초행길이라 회사 근처에 내린 영업이사는 자신이 입고 있던 외투를 벗어 제품 박스를 덮었다. 온 몸에서는 비가 뚝뚝 떨어지고 있었지만 외투로 싼 제품은 다행히 젖지 않았다. 이 모습을 본 바이어는 제품을 소중하게 여기는 회사와 거래하겠다는 의견을 제시하였으며, 초두물량으로 20만 달러어치를 주문했다. 이것이 H사가 유럽시장을 개척한 첫 관문이 되었던 것이다. H사는 현재 노키아를 제치고 유럽을 비롯하여 전 세계에서 한국 벤처기업의 위상을 떨치고 있다.

13 교착상태에서 벗어나라

'교착상태'란 어려운 국면에 직면한 상태를 말한다.

비즈니스를 해본 사람이라면 누구나 이런 경험을 한두 가지 정도는 가지고 있을 것이다. 비즈니스를 하다가 기발한 묘안을 찾지 못하고 늘 같은 결과를 놓고 고민하는 경우로 볼 수 있다. 또는 자사의 숨기고 싶은 부분이 밝혀져서 곤란한 경우가 발생하는 것도 생각할 수 있다. 다양한 전략의 부재에서 비롯되는 교착상태에서 벗어나는 방법에는 다음과 같은 것이 있다.

〉〉〉 장소를 변경하라

앞에서 언급했듯이 협상에서 '장소는 제2의 파트너다'라고 할 만큼 중요하다.

회사 내에 준비된 상담실에서는 결론이 나지 않다가 식당이나 술집으로 장소를 옮겨 분위기를 바꿔 주니 결론이 쉽게 났다는 이야기는 어떤 의

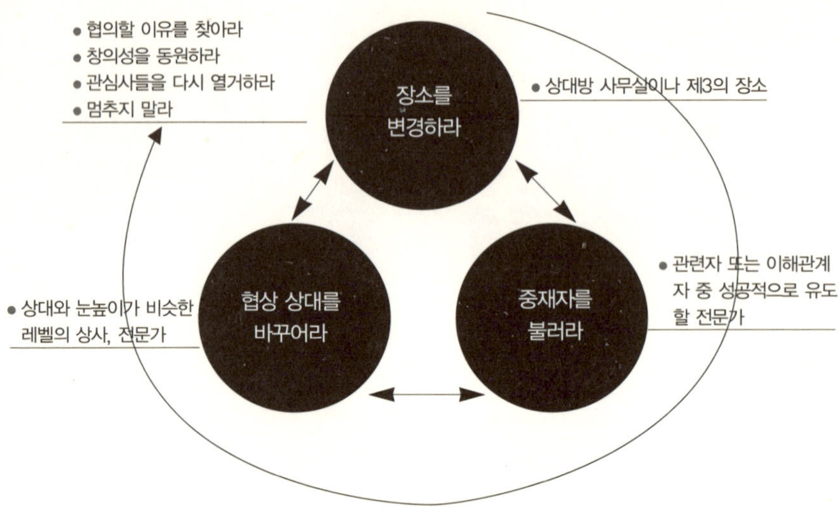

미를 가지고 있을까? 어떤 이들은 사무실이나 커피숍이 아닌 골프장을 이용하여 비즈니스를 한다는데 그 이유는 뭘까?

책상머리에서 인쇄된 자료를 놓고 상호 이익을 계산하기에는 한 치의 양보도 쉽지 않지만, 분위기가 다른 장소에서는 인쇄 자료가 아닌 큰 그림에 의견을 접근시켜 감으로써 인쇄 자료로 전달하지 못하는 다양한 영향력을 서로 소통할 수 있다는 반증이기도 하다.

상대방의 회사에서 번갈아 가면서 회의를 하는 것도 좋은 협상을 유도하는 데 도움을 줄 수 있다. 자사에서 한번 만났다면 다음번 모임은 상대방의 사무실에서 가져라. 비즈니스를 하면서 상대방이 생활하는 회사의 모습이나 분위기, 또는 상대의 생활을 한 번도 확인하지 않고 서면 상으로만 모든 것을 확인하고 결정해 나중에 낭패를 보는 경우도 있기 때문이다.

자신의 모습을 보여주는 것도 중요하지만 상대방의 생활을 확인하는 것 또한 중요하다. 또한 딱딱한 테이블에서 모든 것을 끝내려는 생각은 좋은 결과를 얻어내는 데 한계를 부여한다. 최근 화제가 되고 있는 장소를 협상 장소로 이용한다든지, 이전 협상 때와는 다른 분위기의 장소를 선택하는 재치도 필요하다 하겠다.

모 할인점에서 있었던 일이다. 소비자가 구매한 물건에 하자가 생겨 며칠 후 물건을 들고 매장을 방문했다. 부인에게 구박을 받고 온 소비자는 매장에 도착하자마자 물건박스를 내동댕이치며 큰 소리로 고함을 지르기 시작했다.

소비자 : 야, 이런 것도 물건이라고 팔아?

여직원 : 손님, 물건에 하자가 있었나 본데, 정말 죄송합니다.

소비자 : 야! 너희 점장 나오라고 해.

여직원 : 손님 어디가 문제인지 말씀해 주시면 교환해 드리겠습니다.

소비자 : 이 물건 돈으로 바꿔 주고, 여기까지 온 기름 값과 시간 비용
　　　　　다 돈으로 변상해.

여직원 : 손님, 사용하신 물건이라 돈으로는 변상할 수 없고, 다른 물건
　　　　　으로 교환하실 수 있습니다.

소비자 : 어라. 팔아먹고서 배짱이라 이거지.

여직원 : 손님, 죄송하지만 회사의 규정이 그렇습니다.

소비자 : 좋아, 그럼 소비자보호원에 신고할 거야.

소비자의 언성은 점점 높아지고 삽시간에 많은 사람들이 이 광경을 보고 있었다.

이런 모습은 할인점의 이미지를 생각해서라도 다른 고객들이 보지 않도록 하는 것이 중요하다. 소비자는 많은 사람들이 있다는 것을 의식하고 그 힘을 빌려 목소리를 높일 수 있는 것이 아닐까? 일단 화가 난 소비자를 많은 사람과 분리하는 것이 중요하다. 그리고 여러 사람들이 모여 있는 고객센터 같은 장소보다는 잘 꾸며 놓은 사무실이나 직위가 높은 점장실로 정중하게 모셔라. 고객을 정중하게 모시고, 차라도 내놓으면서 상품의 하자에 대해 물어본다면 밖에서 고함쳤던 것처럼 할 수 있겠는가? 매장에 최고 경영자의 직무실로 모셨다면 그 앞에서도 큰 소리로 고함칠 수 있겠는가? 자신을 귀하게 여기는 모습을 보면서 목청껏 소리칠 사람은 그리 많지 않을 것이다.

여러 사람이 모여서 하나의 결론을 내리는 것도 쉽지 않다. 여러 사람이 모여서 하나의 결론을 도출해야 하는 교착상태에 빠졌다면 그 자리에서 당신의 의견을 관철시키려고 모든 에너지를 낭비하지 마라. 전략을 바꿔서 한 사람 한 사람 찾아다니면서 의견을 모아 목적을 달성하는 전략도 생각해볼 필요가 있다.

여러 사람이 모여서 중대사를 결정할 때는 저마다 의견 차이가 있어 쉽지 않다. 그렇지만 한 사람씩 찾아다니면서 자세하게 정황을 설명하고 설득한다면 좋은 결과를 얻을 수도 있다.

>>> 중재자를 불러라

민·형사상의 문제가 발생했을 때 공식적으로 중재자 역할을 하는 사람이 변호사들이다. 부동산을 매각하거나 매입할 땐 공인중개사가 중재자 역할을 한다. 이렇듯 중재자는 전문성을 가지고 있거나, 양쪽을 잘 알고 있거나, 의뢰인의 문제를 해결할 수 있는 충분한 경험이나 대안을 지닌 사람이어야 한다.

특별하게 훈련되지 않았다면 하부 조직원이 나서서 큰일을 성사시키기에는 역부족인 경우가 많다. 경험과 스킬의 부족, 재량권의 한계 등 여러 제약들이 있기 때문이다.

필자의 연구원들도 업무를 수행하다가 직급이 높거나 나이가 많은 상대를 대할 때는 도움을 요청한다. 자신의 역량으로는 그들과의 대화가 어렵기 때문일 것이다. 이런 경우에는 기꺼이 참석해서 협상이 어떤 것이라는 걸 보여주는 훈련의 기회로 활용하기도 한다. 자신의 역량 밖의 일이나 권한 이상의 것을 결정해야 할 때, 진행되는 협상이 난항을 거듭하고 있다고 판단되었을 때는 혼자 해결하려고 애쓰지 말고 중재자의 도움을 요청해야 실수를 줄일 수 있다.

〉〉〉 협상 상대를 바꾸어라

필자가 진행하는 프로젝트에 연구원들이 합류하여 도움을 주고 있었다. 외부 기관과 이권을 놓고 협상해본 경험이 없는 연구원들이어서 조심스럽게 접근하는 방법을 가르쳐 주었다. 상대 기관에서도 주임과 대리급이 방문한다는 사실을 알았고 그들이 방문하기 전에 중요한 부분을 지적해 주고, 협상의 범위와 데드라인을 결정해 주었더니 두 차례 만난 결과를 보고하는데 예상했던 대로 진도가 나가지 않고 있음을 알았다. 세 번째 미팅에는 상대편의 본부장이 참석한다는 이야기를 하면서 연구원들이 도움을 요청했다.

오전 10시에 미팅 약속을 했기에 일찍 서둘러 나갔다. 상대편에서는 자신들의 규모와 힘을 과시하면서 배너에 광고할 경우 2백만 명이 넘는 회원들에게 메일로 광고를 할 수 있다는 장점을 비중 있게 어필했다. 이제 시작하려는 프로젝트에 인력도 부족하고, 시간도 많이 들고, 비용도 상당히 들어야 하는 입장에서 우리가 가지고 있는 장점은 잘 지어진 현대식 건물과 강의실을 가지고 있다는 것뿐이었다. 필자가 조사한 정보에 의하면 J사는 온라인 상에서는 상당한 규모의 네트워크를 갖추고 있었으나, 오프라인 상에서는 강의실이 하나도 없다는 것을 알고 있었기에 상호 윈-윈할 수 있는 방법은 J사의 네트워크를 링크하여 활용하는 방법이 최선이라는 판단이 섰다. J사의 본부장이 집중하는 배너광고보다는 더 큰 그림을 그릴 수 있는 상호 제휴를 제안했다. '우리는 당신들의 네트워크와 회원들을 이용하고, J사는 우리의 강의실을 활용하는 안'을 제안한 것이다. 회사의 본부장 정도면 충분히 실리에 대한 판단을 할 수 있을 거라는 계산에서 제안을 던졌다. 예상했던 대로 본부장은 자신이 이야기하던 배너광고는 접어 두고 강의실을 활용하면 좋겠다는 의중을 보이고 돌아갔다.

그 날 수익 부분에 대해서는 일체 논의하지 않았다. 왜냐하면 본부장도 이야기를 듣고 전달하는 사람에 불과했기 때문이다. 수익 부분에 대해서는 최고경영자와 만나 숫자보다는 큰 그림을 그릴 수 있는 기회를 마련하면 되기 때문이다. 괜히 결정도 못할 사람에게 예민한 수익 부분의 숫자를 거론하게 되면 본부장 나름대로의 주관이 섞인 이야기를 전달할 수도 있겠다는 우려와, 미리 판단한 그릇된 생각이 큰 그림을 망칠 수 있다는 생각에서였다.

물론 협상을 하면서 다른 대안을 제시하지 않은 것은 아니다. 이미 친분이 있는 J사의 경쟁사에 대하여 정보를 조금 흘렸다. J사도 오프라인에서 경쟁력을 갖추려면 탄탄한 강의실을 갖춰야 한다는 사실은 부인할 수 없는 상황이었다. J사의 경쟁사를 거론한 것은 '당신 아니라도 우리는 다른 회사와 충분히 링크할 수 있다.'는 가능성을 살짝 내비친 것이다.

협상테이블은 점점 더 정교해지고 있다는 사실을 알아야 한다. 자신의 약점과 장점을 충분히 파악하여야 하며, 최선의 선택이 무엇인지를 찾아내야 한다. 하부 조직은 정보를 교환하는 것으로 만족하여야 하며, 최종 결정은 최고 책임자의 몫이다. 협상이 거듭될수록 비중 있는 상대들끼리 만나야 한다. 모든 결과를 조직원들에게 맡겨서는 좋은 결과를 기대하기 어렵다. 따라서 협상을 준비하는 입장에서 단계별로 계획을 세워야 하며 전략적인 접근이 되어야 한다. 전략적으로 접근하기 위해서는 나의 힘과 상대의 힘을 정확하게 파악하여 당장 보이는 숫자보다는 미래 비전을 설계할 수 있는 큰 그림에 포커스가 맞춰지도록 하여야 한다.

협상을 진행하면서 단계별로 계획을 수립한다는 것은 상당히 중요한 의미가 있다. 앞서 이야기한 것처럼 협상 테이블은 점점 정교해지고 있다. 하위 직위, 또는 중간 관리자가 혼자서 해내던 협상의 시대는 지났다. 기술의 진보로 공급이 초과되어 넘치고 있고, 경쟁자가 하나가 아닌 여럿을 두고 협상을 할 수 있는 환경이기 때문에 더욱 그러하리라 생각된다.

그러므로 협상 성과를 높이기 위해서는 '초반·중반·최종 단계를 구분지어 전략을 계획하여야 한다.

〉〉〉 상대의 장점과 역량을 파악하라

협상을 준비하면서 초반에 무엇을 어떻게 설계하느냐에 따라 결과가 달라질 수 있다는 점을 명심하기 바란다. 협상의 첫 단계는 누구를 선택할 것이냐의 문제다. 협상할 상대를 결정함에 있어서 가능한 한 선택의 폭을

❏ 초반 전략

- ✔ 상대의 장점과 역량을 파악하라
- ✔ 서로 교환할 것에 대하여 준비하라
- ✔ 단계별로 접근할 계획을 수립하라
- ✔ 실무자에게 명확한 협상 범위와 목적을 인식시켜라
- ✔ 첫 제안에 'Yes' 하지 마라

넓게 계획하는 것이 좋다. 상대를 선택함으로써 자사에 필요한 부분을 얼마만큼 보완할 수 있느냐가 좌우된다. 가능한 한 신규회사보다는 오래된 회사가 좋으며, 안정적으로 장기간 수익구조를 갖춘 회사를 선정하는 것이 좋다. 업종에 따라서 다르겠지만 자금력이나 기술력을 보유한 최상위의 파트너를 선택하길 바란다.

협상 파트너를 가능한 한 회사에 의존하지 말고 복수로 준비하는 것이 좋으며, 각각의 장점과 약점을 파악하여야 하며, 자사에 어떤 역량을 미치게 될지를 미리 예측하여야 한다.

위성방송 수신기 하나로 유럽 및 중동, 일본까지 석권한 한국의 벤처기업 H사도, 협력사를 잘못 선택하는 과오를 범하여 상당히 많은 시간과 회사 이미지에 손상을 입은 일이 있었다. H사가 처음 유럽시장을 개척하기 위하여 위성방송 수신기인 셋톱박스를 개발할 때, 가장 핵심 부품인 메인 칩을 한국의 신생 벤처기업에 가능성만 보고 의뢰했었다. 그런데 남아공의 이르테르연구소에서 시험하는 도중 100여 가지의 오류들이 발견되었다. 미래 가능성을 보고 선택한 신생기업 제품이 H사에 큰 걸림돌이 돼 버린 것이다. 1개월이면 해결할 수 있으리라 예상했던 것들이 1년여 시간이

소요되어서야 기술인정을 받게 되었고, 영국 런던의 기업에 메인칩 생산 의뢰를 하는 등 상당한 혼선을 빚는 결과를 초래한 것이다.

최초 누구와 함께 할 것인가를 선택하는 것은 중요한 결정이며, 가능한 한 시중에 검증된 회사를 선택하는 것이 발생할 수 있는 오류를 최소화할 수 있을 것이다.

또 하나의 사례를 소개하겠다.

2004년 아테네 올림픽을 기억할 것이다. 한화그룹 아테네 지사는 올림픽을 치루기 위해 공항에서 시내로 방문객들을 수송할 지하철 연장공사를 계획하고 있다는 정보를 입수해 서울 본사로 송고했다. 아직 유럽으로 제품을 납품해 본 경험이 없는 한화는 로뎀 사와 제휴를 하여 전동차 입찰에 참여하게 됨으로써 유럽 진출의 교두보를 마련하게 되었다.

한화 실무자와 로뎀 해외 팀이 아테네로 급파되어 현지의 지하철 상황을 파악해 보니 에어컨, 소음, 냉방장치 등 설비부분이 엉망인 것을 확인하고 자신감을 가지고 적극성을 띠기 시작했다. 그러나 세계 철도시장의 40%를 차지하고 있는 유럽시장에 우리의 손으로 제작한 지하철을 납품해 본 경험도 없고, 제품규격이나 검품이 까다롭기로 유명한 유럽인들에게 우리의 기술력을 서면으로 다 보여주기에는 역부족이었다. 그러던 중 기회가 찾아왔다.

2001년 8월, 아테네 시행청 관계자들이 홍콩으로 출장을 온다는 정보를 입수하고 한화와 로뎀 관계자는 이미 홍콩에 우리 기술로 제작하여 납품한 차량에 아테네 관계자들을 시승시켰다. 예상했던 대로 서면으로 보여줄 수 있는 한계를 넘어 실물을 경험해 본 아테네 시행청 관계자들은 2001년 12월, 한국의 한화와 로뎀 사에 최종 수주 통보를 하였다.

자사의 문제점과 아쉬운 부분을 점검한 후, 이 부분을 보완해 줄 협력사를 선택하는 것이 시간과 인력, 자금을 줄이고 빠른 시간 안에 목적한 바를 이루는 현명한 처신이라는 판단을 내렸다면, 가장 안정적이고 신뢰가 높은 회사를 선택하는 것이 자사의 경쟁력을 높이는 데 도움이 될 것이다.

>>> 서로 교환할 것에 대하여 준비하라

역량이 높은 회사를 선정하기 위해서는 자사가 원하는 것을 얻을 수 있다는 확신만큼 교환할 것에 그만한 가치가 있어야 한다. 앞에서 언급했듯이 숫자에 연연해서는 좋은 협상을 이끌어 낼 수 없을 것이다. 규모가 작거나 신생기업이라면 협상을 이끌고 교환할 만한 가치 있는 것을 찾기가 쉽지 않을 것이다. 그러나 규모가 크고 작고를 떠나 새로 시작하는 신생기업은 남들이 가지고 있지 못한 것을 최소한 하나 정도는 가지고 시작을 한다는 것을 기억하라. 그것이 남과 다른 차별화된 것이거나 특별한 것이라면 큰 기업 중에서 그것을 필요로 하는 파트너를 찾으면 되는 것이다.

앞서 이야기한 사례를 다시 살펴보면, J사는 이미 온라인에 큰 규모의 인프라를 가지고 있지만 실질적인 강의실과 차별화된 교육 프로그램을 가지고 있지 못하므로, 좋은 기자재가 준비된 강의실과 고객의 요구를 담은 차별화된 프로그램을 제공해 줄 수 있다. 반면 J사로부터는 온라인으로 확보하고 있는 2만여 명의 회원 DB를 받아 활용할 수 있고, 배너광고를 무료로 이용할 수 있는 것이다.

협상은 서로 주고받는 것의 규모나 가치가 심한 차이를 보이면 결렬되기 쉽다. 또한 당장 눈앞에 보이는 숫자에 연연해서도 큰 성과를 기대하기 어렵다. 미래 비전과 큰 그림에 협상의 초점을 맞춰야 한다.

>>> 단계별로 접근할 계획을 수립하라

첫 술에 목적한 바를 이루기는 힘들다. 가능한 한 관계자들의 직위나 위치에 따라 업무를 분장하여 협상 범위를 명확하게 계획하는 것이 좋다. 협상 범위를 정하는 것은 하부 직위에서 책임질 수 없는 것에 대한 문제점들을 미연에 방지하는 목적도 있지만, 조직의 짜임새와 영향력을 상대로부터 인정받는 데도 중요한 역할을 수행한다.

하부 조직원의 역할은 미팅에서 나온 이야기들을 전달하여 다음 지시를 받는 정도에 불과하며, 상사의 지시를 받아 다음 단계의 업무를 진행시킬 뿐이다. 하부 조직이 상대의 의중을 파악하고 정보를 수집하여 상호 입장을 전달하는 정도라면 상위 직급이나 최종 의사결정을 할 수 있는 CEO가 일을 마무리하고 끝내야 하는 게 당연하다.

단계별로 접근할 때 주의해야 할 것은, 자사가 제출한 제안내용에 대하여 핵심 영향자가 누구냐에 따라 절차의 설계가 달라져야 한다는 점이다. 핵심 역향자의 유형별로 관심 부분을 검토해 보면 다음과 같다.

● 자금을 집행하는 영향력 행사자
–역할: 최종 의사결정을 하는 자이기도 하며, 자금 집행을 승인하는 자이기도 하다.
–관심의 초점: 조직에 미치는 영향과 기대이익에 관심이 있다.
–예상 질문: 투자나 선택에 대한 이익은 무엇이며, 조직에 어떤 영향을 미치는가?

-거래 규모: 거래 규모가 크면 클수록 높은 직위에서 찾아야 한다.

-사업 환경: 사업이 불안정할수록 높은 직위에서 관리한다.

-거래 경험: 신뢰와 믿음이 약하면 높은 직위로 가고, 강하면 아래에서
  결정한다.

-잠재적 영향: 사용 부서의 의견을 중시하는 경향이 있다.

● 직접 물건을 사용하는 영향력 행사자

-역할: 업무수행에 미치는 영향을 판단한다.

-관심의 초점: 수행해야 할 업무에 관심을 갖는다.

-예상 질문: 나의 업무 또는 우리 부서에서 하는 일에 어떤 도움이 될까?

● 상품에 대한 기술력을 점검하는 영향력 행사자

-역할: 부적합을 심사하거나, 걸러내는 역할을 수행한다.

-관심의 초점: 자신들의 전문적 영역에서 필요한 규격과의 일치 여부
  에 관심이 있다.

-예상 질문: 이것이 규격을 충족하는가?

● 너의 성공을 지원할 수 있는 내·외부 코치

-역할: 당면한 현안에서 안내자로서의 역할 수행

-관심의 초점: 당신의 성공

-예상 질문: 당신이 부탁하는 제안이 상호 윈-윈 할 수 있는 것인가?

회사는 다양한 구조를 가지고 있다는 것을 명심하여야 한다. 단계를 설

계하더라도 어느 한 사람의 의사결정으로 모든 것을 끝내기란 쉽지 않다. 기업의 구조가 바뀌고 역할과 포지션을 명확하게 제안하고 있는 조직일수록 협상하는 단계가 복잡하고 까다로워질 것이다. 협상 내용들을 제안하기 전에 다양한 영향자들의 역할을 미리 분석하고 관련자들을 한 사람 한 사람 설득할 계획을 준비하지 않으면 안 된다.

>>> 실무자에게 명확한 협상 범위와 목적을 인식시켜라

업무의 비중과 중요도에 따라 다르겠지만 초반에는 주로 업무를 담당하고 있는 실무자가 협상테이블에 나간다. 따라서 사전에 협상 건에 대해 전혀 정보가 없다면 우왕좌왕하게 마련이다. 특히 우리나라 기업에서는 직급별 담당업무가 정해지지 않은 관계로 해야 할 이야기와 하지 말아야 할 이야기의 범위에 대해 사전 조율이 없으면 전혀 알 수가 없다. 하위 직급이 비록 전달자 역할을 하더라도 협상 방향에 대한 이해와 목적이 분명하지 않으면 상호 시간낭비일 뿐이다.

하급자는 상대를 탐색하고, 정보를 수집하는 역할과 함께 아무리 작은 것이라도 자기중심으로 의사결정을 내리는 것에 대한 통제가 필요하다. 하급자가 협상테이블에서 권한 이상의 이야기를 운운하여 피해를 보게 된다면 그것은 당연히 상사의 책임이다.

>>> 첫 제안에 "Yes!" 하지 마라

첫 제안에 "Yes!"를 하는 것은 상대에 대한 배려가 없는 것이라고 했던

수수료 지출액(년)

(단위: 원)

수수료액 매출액	수수료 (15% 적용)	수수료 (20% 적용)	수수료 (25% 적용)	수수료 (30% 적용)	수수료 (35% 적용)	수수료 (40% 적용)
216,000,000	32,400,000	43,200,000	54,000,000	64,800,000	75,600,000	86,400,000
1,080,000,000	162,000,000	216,000,000	270,000,000	324,000,000	378,000,000	432,000,000
2,160,000,000	324,000,000	432,000,000	540,000,000	648,000,000	756,000,000	864,000,000
3,240,000,000	486,000,000	648,000,000	810,000,000	972,000,000	1,134,000,000	1,296,000,000
4,320,000,000	648,000,000	864,000,000	1,080,000,000	1,296,000,000	1,512,000,000	1,728,000,000

것을 기억하는가. 좀 더 신중한 검토가 필요하며 상대방을 배려하는 차원에서라도 상위 직급과의 2단계 미팅이 이루어질 수 있도록 주선하여야 한다. 초반 전략에서는 서로가 준비한 정보에 대한 교류가 이루어지는 단계로 상호 윈-윈 할 수 있는 요소를 찾아내는 것과, 서로가 요구하고 있는 핵심이 무엇인지를 정확하게 파악하는 정도면 족할 것이다.

제안하는 사람의 입장에서 한 가지 검토하고 넘어가야 할 부분이 있다. 대개의 경우 사람들은 제안을 할 때 습관처럼 5% 단위로 정리해서 제출하

수수료 지출액(년)

(단위: 원)

수수료액 매출액	수수료 (20% 적용)	수수료 (21% 적용)	수수료 (22% 적용)	수수료 (23% 적용)	수수료 (24% 적용)	수수료 (25% 적용)
216,000,000	43,200,000	45,360,000	47,520,000	49,660,000	51,840,000	54,400,000
1,080,000,000	216,000,000	226,800,000	237,600,000	248,400,000	259,200,000	270,000,000
2,160,000,000	432,000,000	453,600,000	475,200,000	496,800,000	518,400,000	540,000,000
3,240,000,000	648,000,000	680,400,000	712,800,000	745,200,000	777,600,000	810,000,000
4,320,000,000	864,000,000	907,200,000	950,400,000	993,600,000	1,036,800,000	1,080,000,000

는 경향이 있다.

예를 들어, 자사가 제안하고 싶은 것이 25%라고 가정했을 때 상대가 "No!" 라고 했다면, 위의 표에서 선택할 수 있는 것은 30%나 35%, 40% 밖에 없다. 좀 더 세분화시키고 전략적으로 제안할 수 있는 방법을 연구해서 서류를 작성해야 한다. 그렇다면 위의 내용을 다른 차원에서 접근할 수 있는 표를 제시해 보겠다.

위에서 제안한 내용은 5% 범위 간격으로 광범위하게 작성되었지만, 방금 제시한 것은 1% 범위 간격으로 20%에서 25%까지 세분화된 범위를 제안하고 있다. 제안하는 사람의 의중은 20%에서 25% 사이에서 수수료를 결정하고 싶은 의지를 담고 있다. 25% 이상의 숫자를 아예 적지 않음으로써 최대한의 선택이 25%라는 의견을 직접적으로 보여주고 있는 것이다.

협상을 잘하기 위해서는 동반되는 각종 서류 작성에도 신중을 기하여야 경쟁력 있는 협상을 할 수 있다. 첫 번째 제안하는 내용에서 상대의 입장에서 충분하다고 판단된다면 'Yes' 를 망설일 이유가 없다. 5% 단위로 설계하는 것보다는 1% 단위로 세분화해서 설계하는 것이 좋으며, 경우에 따라서는 더 세분화시킬수록 좋다.

갑과 을의 입장을 고려한다면 을은 한방에 갑으로부터 'Yes' 라는 결정을 받아 내기를 기대한다. 을의 입장에서 사업계획서 하나만으로 'Yes' 를 받아 낸 사례를 소개하고자 한다.

S미디어그룹은 대표이사 S씨의 사회적 문제로 파산위기에 있었으며, 사업 아이템도 투자 기관으로부터 큰 흥미를 유발시키지 못한 상태였다. 그런데 W금융그룹의 투자은행(IB) 팀이 S미디어그룹의 '금융 동반자' 로 나서면서 자금 지원을 해줬고, 이 일은 W금융그룹의 은행 파트와 증권사

- ✔ 중간 관리자로 결정권을 위임하라
- ✔ 핵심을 정확하게 파악하라
- ✔ 상대편 사정에 신경 쓰지 마라
- ✔ 제안을 들어줄 때는 대가를 요구하라
- ✔ 함부로 확약을 하지 마라

IB 팀이 연계해 시너지 효과를 낸 성공사례로 꼽히고 있다. 어떻게 이런 일이 가능했던 것일까.

S미디어그룹이 금융지원을 받게 된 결정적인 이유는, 반도체 부품회사를 인수하여 복합 엔터테인먼트 회사로 업종을 변경, 은행권을 설득시킬 만한 흥미로운 프로젝트들로 가득차 있는 사업계획서를 제출한 데 기인한 것이다. 금융권에서도 엔터테인먼트 사업 전문가를 붙여 사업계획서를 검토한 결과 상당히 전망이 밝다는 결론을 내리고 상담에 들어갔다. 금융권에서 자금지원을 결정한 이유는 "S미디어그룹이 단순한 연예기획사가 아닌 모바일 미디어 시대에 종합적인 엔터테인먼트 콘텐츠를 제공할 회사로 커 나갈 수 있겠다는 확신이 들었다." 는 것이다.

이처럼 서류로 내용을 전달할 때에는 상대의 욕구나 원하는 것 또는 미래 비전이 담겨 있는 청사진을 정확하게 설계하여 제시해야 좋은 결과를 얻을 수 있다.

초반의 협상이 끝났다고 판단되면 파트너를 바꿔서 중반 전략을 시도해야 된다.

>>> 중간관리자로 결정권을 위임하라

초반에 협상을 진행했던 자는 협상을 하면서 얻은 정확한 정보를 중간 관리자에게 자세하게 넘겨 주어야 한다. 이때 중요한 것은 있었던 사실 그대로 전달하여야 한다는 것이다. 전달하는 내용에 자신의 주관이 섞여서는 안 된다.

앞에서도 지적한 바 있지만 혼자서 처음부터 끝까지 진행하던 시대는 끝났다. 서로의 업무역할을 분장하여 단계에 맞는 협상전략을 설계하여야 한다.

초반에 협상한 내용이 협상의 가치와 목적을 확인하고 상호 윈-윈 할 수 있는가를 판단하는 데 초점을 두었다면, 중간 단계에서는 협상의 핵심을 파악하고 세부적인 절차를 확인하는 단계라 하겠다. 이 때 주의해야 할 것은 앞서 협상 내용을 다시 확인해서는 안 된다. 이미 자료를 넘겨받았을 때 모두 숙지하고 있어야 한다. 중간관리자는 세부적인 내용을 확인하여야 한다. 특히 숫자적인 면을 중심으로 충분히 검토하여야 한다.

>>> 핵심을 정확하게 파악하라

중간관리자는 회사의 이익과 직결되는 숫자 파악에 집중해야 하며, 그 밖에 상대편에서 요구하는 사항이 무엇인지를 정확하게 파악하여 최종 의사결정권자에게 정보를 제공하여야 한다.

중간 단계가 끝나기 전에 서로의 핵심사항이 정확하게 전달되었는지를 다시 한 번 확인하는 것이 중요하다. 협상테이블에서 만나는 횟수가 많아질수록 직급이 높은 사람들이 참석하게 된다. 그러나 중요한 핵심을 서로 확인하지 않으면 다시 전화나 메일로 내용의 요지를 물어 오는 경우가 있다. 결국 미팅 자리에서 서로의 역할이나 중요한 핵심사항을 정확히 전달하지 못했다는 결론이다. 중간 단계에서는 6하 원칙에 의하여 최소한 확인할 부분들이 상호 인식될 수 있도록 마무리 되어야 한다.

● 6하 원칙

–누가? 언제? 어디서? 무엇을? 어떻게? 왜

>>> 상대편 사정에 신경 쓰지 마라

앞에서도 언급했던 것처럼 '정보를 알면 협상의 판도를 바꿀 수 있다'고 했다. 협상에 임하면서 절대 자신의 입장에 대해 먼저 난색을 표할 이유는 없다. 그것은 나의 약점을 상대에게 노출시킬 뿐이다.

머피의 법칙에서도 시간이 갈수록 한쪽은 성과가 높아지고, 한쪽은 성과가 낮아진다. 그 시점을 결정하는 것이 시간이다. 주어진 시간 내에 계획한 협상의 범위 내로 끌고 들어와서 상호 합의를 도출하는 것이 협상의 묘미이다.

이를 입증하는 좋은 사례로 뉴욕 교통노조가 백기를 든 이유 중 하나는 노조의 입장이나 노조원의 입장을 고려하지 않은 정부의 강경대응 자세였다. 당시 노조에 비축된 자금이 350만 달러(법원에서 노조에게 하루에 100만 달러의 벌금을 부과함으로써 3일 이상 버티기 어려웠던 것)에 불과한 것과, 노조원 1인당 2만5천 달러의 벌금(노조원의 1년 치 급여에 가까운 금액)을 징수하겠고 한 결과, 60시간 만에 최악의 교통마비 사태를 몰고 올 뻔한 지하철 파업사태를 진압할 수 있었던 것이다.

삼성에니콜이 이스라엘 텔레폰 사에 납품을 하게 된 것은 어떤가. 텔레폰 사의 대주주 사가 핸드폰 업계의 2위인 모토롤라라는 사실을 모를 리 있었겠는가. 텔레폰 사를 설득하려고 수차례 그들의 요구대로 제품을 만들어 보여줬지만 결국 거절당하지 않았던가. 그러나 담당 상무의 기발한 발상으로 제품의 견고함을 직접 보여줌으로써 삼성에니콜을 선택하게 만들지 않았는가.

필자가 학교와 제휴하여 진행하고 있는 프로젝트도 마찬가지다. 국내에서 제법 규모를 갖추고 있는 J사의 직원들이 두 번째 방문을 하고 세 번째 찾아오기로 한 전 날, 담당 연구원은 내게 이런 이야기를 했다. "내일 J사에서 사람들이 오기로 했습니다. 본부장님이 함께 오신다고 하니 교수님께서 꼭 참석을 하셔서 의사결정을 해주셨으면 합니다."

그가 말한 의사결정이란 J사의 홈페이지에 배너광고를 어떤 위치에 얼마의 비용을 들여 할 것인가를 결정해 달라는 이야기다.

그러나 다음날 필자가 J사의 본부장을 만나서 한 이야기는 배너광고를 하겠다는 것이 아니라 서로 가지고 있는 여건들을 활용하면서 윈-윈 할 수 있겠느냐는 의견을 제시했다. 연구원은 J사에서 세 번씩이나 다녀가는 것이 부담스러웠던 것 같다. 그러나 J사와의 협상범위는 배너광고를 하는 것이 목적이 아니다. 크지 않은 규모의 우리가 J사와 제휴함으로써 이미 2만 명이 넘는 고객을 활용하여 속도경영을 할 수 있는 기반을 구축하는 것이 목적이며, J사도 오프라인에 없는 강의실을 사용하여 서로 시너지를 극대화하자는 목적을 가지고 있었다.

남의 사정을 봐줘서는 결코 당신이 목적하는 것을 얻을 수 없을 것이

> ✔ 강함과 부드러움의 조화를 이루어라
>
> ✔ 무산 가능성을 내비쳐라
>
> ✔ 거절하기 힘든 명분을 만들어라
>
> ✔ 큰 그림을 그려라
>
> ✔ 계약서는 직접 작성하라

다. 어떠한 경우라도 처음의 목적과 목표를 인식하고 상대방을 설득시키는 것이 협상가의 자세임을 명심하기 바란다.

중간 단계가 끝나면 최종 마무리 단계가 남아 있다. 최종 마무리 단계는 서로가 원하는 것들이 어느 정도 진행된 상태에서 최고 책임자나 상위 직급에서 관리에 들어가는 단계라 하겠다. 바둑에서처럼 마무리를 잘하면 역전도 가능한 단계이므로 긴장을 늦춰서는 안 된다.

⫸ 강함과 부드러움의 조화를 이루어라

협상의 마지막 단계는 상위 직급 또는 CEO가 최종 의사결정을 내리는 것으로 마무리된다. 약자라 하여 시종일관 끌려 다니거나 강자가 제안하는 내용에 "Sure, Bose(네, 맞습니다)." 만 반복해서는 결코 성공적인 결과를 기대할 수 없다.

협상에 있어서는 영원한 약자도, 영원한 강자도 없음을 명심하라. 강자 혼자서 할 수 있는 것이라면 왜 굳이 협상이 필요하겠는가? 분명한 것은 강자도 약자를 통해 필요한 것을 구한다는 사실이다. 예전에는 '하청업체' 란 말을 했었다. 그러나 최근 들어서는 상호 윈-윈의 정신에 입각하여 이들을 협력회사 또는 파트너라고 부르지 않는가. 내가 해야 될 역할에 있어서는 강하게 자신을 확신시켜라. 그것이 상대로 하여금 더 큰 믿음과 신뢰를 줄 수 있다.

또한 논리적인 근거를 제시하면서 상대가 긍정적인 의사결정을 내릴 수 있도록 확신을 심어주어야 한다. 협상의 최종 마무리 단계에서는 의사결정권자가 심중을 굳힐 수 있도록 지금까지 협상을 진행해 오면서 핵심 영향자들을 만족시켰던 부분들을 다시 한 번 완곡하게 어필하기 바란다.

〉〉〉 무산 가능성을 내비쳐라

앞에서 스키장 이벤트를 기획하여 짧은 기간 동안 상당한 수익을 냈던 사례를 소개했었다.

필자가 가지고 있는 것이라고는 스키장과 계약한 계약서와 스키장 전경이 담겨 있는 야경사진 한 장, 그리고 한 장짜리 제안서(Proposal)뿐이었다. 구멍가게 사장이 그것도 30대 초반의 어린 사람이 대한민국 최고의 정유회사 임원을 만나서 겨울 스키 캠프에 대한 제안을 하는데 누가 보더라도 믿기지 않을 일이었다. 그러나 분명한 것은 정유사 임원이 깊은 관심을 보였다는 점이다. 왜냐하면 한 장짜리 제안서에는 최신 버전의 생생한 숫자들이 번득이고 있었기 때문이다.

필자가 제안한 내용에 관심을 보이기 시작하더니 숫자가 적혀 있는 대목에서는 각 부서에 전화를 걸어 확인하기 시작했다. 먼저 영업팀에 전화를 걸었다. 제안서에는 평월보다 겨울에 주유소 매출이 32% 떨어진다고 적혀 있었다. 이것은 정유사의 대외비다. 영업부에 확인한 결과 맞는 숫자였다. 이것을 50% 줄일 수 있는 방안을 함께 제시했다. 3만 원 이상 주유하는 고객에게 리프트, 렌털, 강습, 콘도를 30% 할인해주는 방법으로 많은 고객을 유치할 수 있으며, 70일간 평월 주유 고객의 숫자를 곱했을 경우 가능한 매출액까지 상세히 제시했었다.

다음에는 홍보팀에 전화를 걸었다. 할인권 300만 부를 인쇄했을 경우의 비용을 확인했다. 300만 부를 외부에서 인쇄할 경우 2천만 원이 들지만, 자사에서 직접 인쇄할 경우 1천8백만 원이 소요될 것이라는 답변이 돌아왔다.

1천8백만 원의 비용을 들여 32%의 매출감소를 반으로 떨어뜨릴 수 있다는 천문학적인 숫자를 보고 마다할 사람이 어디 있겠는가?

관계 임원은 좀 더 검토하고 내일 결정하자는 제안을 했으나 오늘 결정하지 않으면 다른 회사로 갈 수 있다는 뜻으로 (미리 준비해둔) 경쟁사에 제출할 제안서를 슬쩍 내비쳤다. "너 아니더라도 나는 다른 회사와 계약할 수 있다."

서로의 업무를 분장하여 준비하더라도 개장 날까지는 시간이 촉박하니 오늘 결정하자고 제안했으며, 지금 의사결정을 하지 않으면 이미 미팅을 예약해 둔 두 번째 회사와 제휴할 수밖에 없다는 뉘앙스를 내비친 것이다. 결국 1시간 30분의 미팅을 통해 대한민국 최대 정유회사와 제휴하는 성과를 거둘 수 있었다.

당신의 장점을 정확하게 파악하라. 현재 보이는 것만이 전부가 아니다. 당신이 지금까지 구축한 네트워크도 당신에게 중요한 장점으로 작용한다.

경우에 따라서는 현재 보이는 것보다도 당신이 이야기하는 주변의 인프라나 네트워크가 더 큰 힘을 발휘할 수 있다는 것을 명심하기 바란다.

모 기관에서 강의를 요청해 왔다. 급변하는 환경에서 기업 경영이 힘든 만큼 강의를 통해 돌파구를 제시해 달라는 요청이 있었다. 최근 화두가 되고 있는 블루오션을 화두로 강의를 했다. 3시간 가량 강의가 진행되는 동안 그처럼 열정적으로 경청하고 집중하는 청중들을 찾아보기 힘들 정도였다.

강의 후 몇몇 회사에서 연락이 왔다. 자사의 경영자문을 의뢰하는 내용들이었다. 학교 강의도 해야 하고, 이미 잡힌 일정만으로도 일요일이 부족할 정도였다. 이런 사정을 얘기하고 정중하게 고사를 했더니 직접 학교까지 찾아오신 분이 계셨다.

"한 달에 한두 번만 뵙고 경영자문만 해주시면 됩니다. 오죽하면 여기까지 찾아왔겠습니까? 회사가 어려워 많은 비용을 드릴 수는 없지만 교통비와 식사는 대접하겠습니다. 우리같이 작은 회사의 직원들도 가족이 있습니다. 이런저런 생각하면 당장이라도 회사 문을 닫아야겠지만 직원들에게 달린 가족들을 생각해서 어떻게든 해보려고 노력하고 있습니다. 저희들은 당장 먹고사는 것을 생각하다 보니 강의 때 말씀하신 그런 기발한 생각을 할 경황이 없습니다. 교수님께서 도와주신다면 여러 사람 살리는 길이니 이것도 큰 보람이 되지 않겠습니까?"

그야말로 거절하기 힘든 명분을 제시한 것이다.

〉〉〉 큰 그림을 그려라

바둑에 단수가 있듯이 협상을 하는 데도 단수가 있는 것 같다. 하수끼리 할 때는 당장 눈앞에 한 점을 포섭해서 먹는 데 급급하다. 그러나 고수들이 두는 바둑을 들여다보면 큰 그림을 그리듯 여러 수 앞을 내다보면서 바둑알을 둔다. 하수가 보기에는 도저히 이해가 안 되는 곳에 바둑알을 두지만 머지않아 그 한 수가 큰 역할을 하는 것을 보게 된다. 여기저기 둔 바둑알들은 시간이 더할수록 축을 만들고, 상대의 허리를 자르고, 내 집을 강하게 하는가 하면 상대의 집을 파괴하는 역할들을 한다. 그러면서도 고수들의 바둑판은 큰 점수 차로 승패가 갈리는 것이 아니라 반 집, 한 집, 서너 집 정도의 차이로 승리를 한다.

협상에서도 눈앞에 보이는 자신의 실리만을 추구해서는 좋은 결과를 거두기 어렵다는 점을 다시 한 번 강조하고 싶다. 당장 눈앞에 있는 것만 보고 협상하려 든다면 하수들끼리 바둑을 두는 것과 같은 것이다.

큰 그림을 그리라는 말은 블루오션에서 따온 말이다. 캔버스에 경쟁사와의 포지션을 찍을 때 대부분의 사람들은 어떻게 그 위치에 점을 찍었느냐를 묻는다. 그러나 그 점이 그곳에 있는 것이 중요한 것이 아니라 큰 그림 안에서 점을 찍는 것이 가치 있는 일이다. 캔버스에 나와 있는 다양한 경쟁 요소 중에 업계에서는 평균 또는 표준이라고 여기고 있지만 제거할 부분은 없는지, 감소시켜야 할 것은 없는지, 증가시킬 것은 없는지, 업계에서는 주요 경쟁 요소로 보고 있지 않지만 내가 찾아내서 큰 성과를 낼 수 있는 요소는 무엇인지 등을 찾아냄으로써 남과 다른 차별성을 가지고 고객이 원하는 제품을 개발하고, 새로운 시장을 개척할 수 있게 되는 것이다.

협상을 하는 데 있어서 자신의 현재 위치에서 속도경영을 해야 한다면 그 분야에서 최고의 파트너와 제휴를 해야 한다. 그들과 제휴할 때도 자신의 이익에만 급급해서는 단 하나도 얻지 못하게 된다. 내가 가지고 있는 것 중 최고의 가치를 지닌 것과 맞교환을 한다는 각오로 임해야 한다.

내게 가장 소중한 것일지라도 큰 그림을 그리기 위해 필요하다면 과감하게 내줄 수 있어야 성공할 수 있다. 지금 가지고 있는 기술이 전부라고 판단하지 마라. 제품의 사이클은 점점 짧아지고 있다. 혼자만의 기술은 존재하지 않는다. 다만 남보다 먼저 가지고 있을 뿐이다. 내가 혼자서 개발하고 혼자서 시장을 모두 점령하겠다는 착각에서 벗어나야 한다. 영원한 기업도 영원한 강자도 없다고 했다. 지금 필요하다면 당신의 가장 소중한 것과 교환하여 속도경영을 하는 것이 큰 그림을 그리는 길임을 명심하기 바란다.

아울러 협상은 시간이 정해져 있다. 비즈니스에서 가장 중요한 것이 시간이기도 하다. 아무리 좋은 것도 필요한 시점에 있어야지, 그 시간이 넘어서면 아무짝에도 소용이 없다는 점도 깊이 새겨 두어야 할 것이다.

>>> 계약서는 직접 작성하라

어떠한 계약서라도 자신이 자주 사용하는 언어로 직접 작성하라. 또, 직접 작성한 계약서일지라도 전문가에게 반드시 확인을 하라. 빠진 내용을 찾아내거나, 해석상의 불확실성이 많은 문장, 명확성이 떨어지는 대목, 책임 소재가 불분명한 부분, 법적 대응이 필요한 부분 등에 관하여 전문가의 도움이 반드시 필요하다는 것을 명심하라. 당장 몇 푼의 돈을 아끼다가 나중에 더 큰 것을 잃어버릴 수 있는 것이 계약서이다.

　대기업과 거래하는 중견기업이나 중소기업들은 대기업에서 제시하는 계약서에 도장만 찍는 경우가 허다하다. 그것으로 인해 낭패를 본 기업들이 한두 곳이 아니다. 어떤 중소기업은 수십 년간 개발한 노하우와 특허권들을 가지고도 대기업이 수주를 하고 중소기업이 하청을 받아 작업한다는 정부 방침에 따라 모든 권리를 대기업에 내주고 부도 위기에 놓여 있는 것을 보았다. 물론 정부 방침에도 문제가 있다. 대기업만이 안정적이고 책임질 수 있다는 생각은 바꿔야 한다. 대기업 중심의 수주 방침은 수많은 중소기업들을 도산하게 만드는 원인이 되기도 하다. 대기업은 중소기업의 노하우나 특허권을 양도받아 자신들이 수주를 하고 그 중 일부만 중소기업에 나누어 주고 관리를 맡긴다. 하청을 받다 보면 수익도 박하고 물량이 적어도 인력을 운영해야 하는 중소기업 입장에서는 울며 겨자 먹기란 표현이 딱 들어맞는 말이다.

　중소기업에도 문제가 있다. 자신들의 주장을 계약서에 반영시키지 못해서 곤경에 처하게 되는 것이다. 상호 윈−윈 한다는 것은, 거듭 말하지만 어느 한쪽의 성공을 뜻하지 않는다. 대기업만 더욱 커지고 그 일을 하청 받은 중소기업은 도산을 한다면, 자연히 대기업에도 그 여파와 책임이 돌아가게 된다. 상호 공생한다는 마인드로 전환해서 서로를 위해 충실하게 일할 수 있는 문화를 하루빨리 정착시켜야 하겠다.

　집을 계약할 때도 흔히들 부동산중개업소에서 사용하는 한 장짜리 매매 계약서에 계약금 얼마, 중도금 언제까지 얼마, 잔금 입주 시 완납 등의 내용을 기록한다. 그리고 주소와 각자의 주민번호를 기록하고 연락할 수 있는 전화번호를 기록하는 것이 전부다. 그밖에 하자보수나 다른 부분을 제안하는 사람이 몇 명이나 되겠는가?

막상 이사를 하고 살아보니 문제가 한두 가지가 아닌 경우를 이사를 해 본 사람이라면 한번쯤은 겪어봤을 것이다. 그렇다고 해서 전 주인을 찾아 가 배상을 요청할 수 있는가? 매매계약을 체결할 때는 반드시 다음과 같 이 자필로 표기하라.

"잔금 10%는 1개월을 살아본 후에 지불하며, 단 하자가 있을 시 잔금으 로 보수한 후 잔액만 지불한다."

흔히 부동산 중개인들은 좋은 집을 싸게 사는 것이라느니, 이 동네에서 가장 좋은 집을 정말 싼 가격에 매입하는 것이라는 식의 말을 아끼지 않을 것이다. 그렇다면 매매계약서를 작성하기 전에 부동산 중개인에게 "입주 하여 살다가 하자가 발견되면 부동산중개업소에서 책임을 진다."는 말을 계약서에 쓰자고 제안하라. 그렇게 하면 부동산 중개사가 매매 부동산에 대해 보다 책임감을 가지고 정확한 정보를 제공해 줄 것이다.

앞에서도 언급했지만, 계약서는 자기가 평소 사용하는 언어로 직접 작 성하는 것이 좋으나, 자기중심적인 해석으로 인해 오류를 범할 수 있다는 점을 감안해 작성 후에는 반드시 전문가에게 의뢰하여 충분히 검토하는 것이 만일의 사고를 미연에 방지하는 길이다.

「협상은 맞춤 전략이다」

협상에 있어서 담당자의 유형을 파악해서 전략을 세우는 것은 협상의 기본이다. 사람마다 유형별 특성이 다르므로 그 특성에 맞춰 대응 전략을 수립한다면, 협상의 성공률을 더 높일 수 있을 것이다.

외향적인 성격의 특성은 열정적이며 추진력이 강한 유형으로 자신의 이야기를 많이 하는 스타일이다. 이러한 유형을 만났을 경우 가능한 한 상대의 이야기를 잘 들어주는 것이 무엇보다도 중요하다. 상대방이 하는 많은 이야기 속에 핵심과 결정적인 문제점들이 묻어나올 수 있기 때문이다.

그렇다면 어떻게 외향적 유형의 사람을 식별해 낼 수 있을까? 먼저 외적으로 보여지는 옷차림을 보면, 나름대로 코디를 잘해서 옷을 챙겨 입으며, 남들로부터 주목받기를 원한다. 또한 이들은 감성적이며 자신의 이야기를 많이 하지만 사소한 것에서 결정적인 순간을 맞이하기도 한다. 즉, 흔히들 이야기하는 학연·지연을 중요하게 여기며, 상대방의 사정에도 관심을 많이 보인다는 특성이 있다. 또한 이들은 자신이 좋아하는 관심사를 보여주는 것에도 적극적이다. 자신이 즐기는 운동 용품이나 최근에 관심 가지게 된 것들을 노출시키기도 한다. 이런 경우 노출되는 것들로부터 자연스럽게 이야기를 풀어 가는 것이 좋다.

외형적인 사람들의 협상 스타일은 주도적이며 다소는 일방적으로 이야기를 진행하며 상대방의 말을 듣지 않으려는 경향을 보일 때도 있다. 경우에 따라서는 협상의 내용과 주제에서 벗어나 자신이 가지고 있는 최근 관심사를 늘어놓는 사람도 있다. 하지만 그런 경우에라도 절대로 말을 끊어서는 안 된다. 또한 이런 유형의 사람들은 인간관계를 중요시 여기며 처음 만나는 사람도 오래 전부터 알고 있던 사람마냥 친근하게 대하면서 자기와 마음이 통하거나 어느 것 하나라도 화통한 부분이 있으면 오래도록 친분을 유지할 수 있다는 것이 특징이다.

이러한 사람들이 까다로워지는 경우가 있는데 자신이 미처 협상할 내용에 대하여 준비하지 못했거나 진행해야 될 일들의 절차가 까다로울 경우이다. 이런 때는 진행절차를 간소화하여 대응하여야 상대방으로 하여금 호감을 얻을 수 있다.

외형적인 유형의 사람들과 협상을 하면서 주의해야 할 몇 가지 사항이 있다. 첫째, 분위기에 휩싸여 단순하게 의사결정을 하고 마무리하려는 경향이 있으므로 생각 없이 따라가서는 안 된다. 둘째, 본론에서 벗어난 이야기에 심취해 있다가 정작 중요한 사안에 대해서는 간과해 버리는 경우도 있을 수 있으므로, 상대방의 기분이 상하지 않도록 주의하면서 이야기의 방향을 본론으로 끌어들이는 지혜도 필요하다.

외형적인 유형의 사람들과 성공적인 협상을 이끌어 내기 위해서는 부단한 인내심으로 그들의 말을 경청하는 자세가 필요하며, 상대방의 말을 끊거나 업무 중심의 공격적인 자세를 취하지 않는 것이 중요하다. 부드러운 표정으로 경청하면서 맞장구를 쳐주는 것이 좋다. 최악의 상황이 발생했다면 그것은 반박하거나 들어주기를 거부하는 행동에서 비롯됐을 것이다. 그들을 최고로 인정해 주고, 계속해서 자신을 드러내 보일 수 있도록 편안한 분위기를 만들어 주어라. 그리고 나서 최종적으로 당신이 해야 할 일은 문서로 약속을 받아 내는 것이다. 어쩌면 이러한 유형의 사람들은 자신의 이야기를 끝까지 들어준 당신에게 간단하게 결론을 지어 줄지도 모른다.

전형적으로 까다로운 유형이 실용적인 성격의 사람들이다. 이들은 자신이 전문가라 여기고 있으며, 협상이나 제안 내용들을 주도적으로 이끌어 가려는 성향이 있다. 이들은 남의 이야기를 들으려고 하지 않으며 자기중심적으로 협상을 리드하려고 한다. 시간이 돈이라고 여겨 상대방의 입장보다는 자기중심에서 간단명료하게 협상을 진행시키기도 한다.

이러한 유형의 사람들은 어떻게 알아볼 수 있을까? 대부분 깔끔한 정장차림을 좋아하고, 사무실 공간이나 자신의 주변을 잘 정리정돈 해 두고 있으며, 집기나 사무용품들이 흐트러짐 없이 제자리에 놓여 있다. 또, 남들이 하는 경기를 관전하기보다는 직접 자신이 참여해서 승부를 가리는 경쟁을 즐기기도 한다.

실용적 성격의 소유자들이 나타내는 협상 스타일은, 당신이 제안하는 것을 중요하게 생각하기보다는 자신이 더 많은 정보를 알고 있다는 식으로 자기중심적인 제안을 하며 자신이 승리하기를 원한다. 이들은 자신의 높은 목표를 정해 두고 그것을 관철시킴으로써 자신의 능력을 과시하려는 경향이 있으며, 때로는 자신의 능력과 우월성을 바탕으로 일부러 위협적으로 행동하기도 한다.

실용적인 사람들이 까다로워질 때는 당신의 이야기가 너무 길거나, 당신의 주장을 너무 강하게 어필하려 할 경우다. 심지어 숫자나 전문용어, 외래어를 사용하는 것까지 불쾌하게 여기기도 한다. 이들은 참을성이 부족하고 남의 이야기를 귀담아 들으려 하지 않고 당신이 이야기하는 것을 지루해하기도 하므로 신중해야 한다.

이런 유형의 사람을 만났을 때 주의해야 할 점은 다음과 같다. 첫째, 상대방이 자신보다 위에 있는 것을 보지 못하는 스타일이다. 당신이 우월하더라도 상대방을 높이는 지혜가 필요하다. 둘째, 즉시 요구하는 사항에 대하여 굴복하지 마라. 자아도취에 빠져 다시는 회복할 수 없게 된다. 셋째, 유화정책은 해답이 될 수 없다. 당신이 주변의 지인을 앞세워 힘을 겨루려

<table>
<tr><td colspan="2">유형 – 실용적 성격 대응전략</td></tr>
<tr><td colspan="2">상담자의 유형을 파악하고 접근하는 것은 협상의 기본이다.</td></tr>
<tr><td>성격적 특성</td><td>● 전형적인 까다로운 협상자. 협상을 주도하고 싶어한다. 자신이 그 분야에 전문가인 것처럼 한다. 참을성 없고, 시간이 돈이라 여긴다.</td></tr>
<tr><td>식별법</td><td>● 깔끔한 정장차림을 좋아한다. 사무실 공간이 효율적이며, 정리정돈이 잘 되어 있다. 경쟁을 즐기며, 직접 참여하는 스포츠를 좋아한다.</td></tr>
<tr><td>협상스타일</td><td>● 자신이 승리하길 원하고, 상대는 패하기를 원한다. 높은 목표를 정하고 있으며, 일부러 위협적으로 행동한다.</td></tr>
<tr><td>실용적 사람 까다로워질 때</td><td>● 참을성이 부족하여 협상진행 과정을 지루하게 여긴다. 숫자와 전문용어, 기타 외국어에 민감하게 반응한다.</td></tr>
<tr><td>주의점</td><td>● 즉시 굴복하지 말라. 상대방이 자신보다 우월한 것을 좋아하지 않는다. 유화정책은 해답이 될 수 없다.</td></tr>
<tr><td>협상하는 법</td><td>● 우수한 사람이라는 느낌을 받을 수 있도록 하라. 논리적으로 접근하라. 당신이 졌다고 생각하도록 만들어라. 처음부터 목표를 높게 설정하라.</td></tr>
</table>

한다거나 두루 뭉실하게 넘어가려 하는 것들에 대하여는 매우 냉소적인 태도를 보일 것이다.

　실용적인 협상자와 성공적인 협상을 이끌어 내는 방법은, 먼저 당신이 우수한 사람이라는 느낌을 받게 하고, 숫자나 전문성을 바탕으로 논리적으로 접근하라. 그리고 자신이 이기고 당신이 진 것처럼 느끼게 하고, 마지막으로 처음부터 당신의 목표를 높게 두었다가 전략적으로 양보하는 방법을 사용하라.

　　　　분석적 유형의 사람들은 모든 것을 논리에 기초를 두고 있다. 이들은 결과보다는 과정을 매우 중요시 여기는 특징을 가지고 있으며, 대부분 원칙주의에 입각하여 일을 처리한다. 이러한 유형을 상대하려면 사전에 철저한 정보를 수집하여 경우의 수를 고려한 전략을 단계별로 설계하는 노력이 필요하다.

　이러한 유형의 사람들 대부분은 상당히 보수적이며, 작은 숫자에 민감한 반응을 보이기도 하며, 협상테이블에서 오가는 내용에 대하여 자세하게 정리 또는 기록하기를 좋아한다. 이들은 가정도 정확한 데이터를 바탕으로 충분한 근거가 제시되어야 수긍하며, 책상과 주변이 깨끗하게 잘 정리되어 있고, 안정적인 분위기를 갖추고 있다.

　이들의 협상 스타일은 자신의 이야기를 먼저 하기보다는 상대방의 이야기를 듣고 자신의 생각을 체계적으로 설명해 들어간다. 이들은 정확한 것을 좋아하고 사전에 충분히 제시할 근거 있는 정보들을 확보하는 스타일이며, 하나를 정리하고 난 후 다른 것을 다루는 정교함이 있다. 또한 이

들의 관심사는 업무 성과와 결과에 있으며, 인간관계나 상대방의 입장에
는 전혀 관심을 보이지 않는 냉소적인 태도를 보이기도 한다.

이처럼 분석적인 사람들이 까다로워지는 경우는 상대방이 제시한 정보
가 불분명할 때이며, 작은 숫자에도 민감한 반응을 보인다. 꼬치꼬치 캐묻
는 스타일이며 자신의 생각과 다른 면이 있거나 자신이 납득하지 못하는
경우에는 협상을 중단시키기도 한다.

분석적인 스타일의 사람과 협상을 할 때는 다음과 같은 점에 주의해야
한다.

유형 – 분석적 성격 대응전략

상담자의 유형을 파악하고 접근하는 것은 협상의 기본이다.

성격적 특성	모든 것을 논리에 기초를 두고 있다. 결과보다는 과정을 중요시한다. 정보를 모으고 순차적으로 진행한다. 원칙주의자이다.
식별법	보수적인 생각으로 접근한다. 책상과 주변이 잘 정리정돈 되어 있다. 협상내용의 정리와 기록을 잘한다. 측정 가능한 것을 추구한다.
협상스타일	정확하고, 항상 준비가 되어 있다. 하나를 정리하고 다른 것을 다루는 정교함이 있다. 인간관계에는 관심 없다. 상대입장은 생각 않는다.
분석적 사람 까다로워질 때	내놓는 정보에 대하여 확인하며, 숫자에 민감하다. 꼬치꼬치 캐물어 협상을 중간에 멈추게 한다.
주의점	숨통을 조이지 말아야 한다. 그럴수록 저항한다. 가능한 한 전문용어와 출처가 분명한 자료를 사용하라.
협상하는 법	그들의 보조에 속도를 맞추어라. 철저한 준비와 출처가 가능한 정보를 활용하라. 입증된 안전한 자료들을 이용하라. 그들의 원칙을 받아들여라.

첫째, 숨통을 조이지 말아야 한다. 자신이 충분히 납득이 되었을 때는
당신이 어렵다고 생각하는 부분까지도 해결할 수 있는 사람이지만 일단
자신이 두루 뭉실 설득당하거나, 충분히 납득되지 않았을 경우에는 다음
기회로 미루자고 하거나 다른 파트너를 물색할지도 모른다. 심한 경우 당

신을 향해 공격이나 저항을 할 수도 있다.

둘째, 가능한 한 전문적인 용어와 출처가 분명하고 확인 가능한 자료를 사용하는 것이 협상력을 높이는 데 도움이 될 것이다.

셋째, 되도록이면 직위가 비슷한 사람이 협상에 임하는 것이 유리하다. 뿐만 아니라 협상 분야의 전문가가 충분한 자료를 바탕으로 협상을 진행하는 것이 성공확률을 높일 수 있다는 것을 참고하기 바란다.

18 부드러운 성격에 대한 대응전략

부드러운 성격을 가진 유형들의 가장 큰 성격적 특징은, 사람들과의 관계에 관심이 많다는 것이다. 이들은 대개 부딪치는 것을 싫어하며, 합리적으로 판단하려고 노력한다. 천천히 움직이고 빠른 결정을 피하며, 점진적으로 관계를 유지하면서 공통적인 의견을 구축해 나가는 것을 선호한다. 누구나 좋아하는 스타일의 사람들로서, 활기 있고 마음이 열려 있으며, 상대방을 가능한 한 편하게 대하려 하고, 직선적인 말이나 표현으로 상대를 당황하게 만들지 않는다.

이들이 추구하는 협상 스타일은, 모두가 윈-윈(win-win) 할 수 있도록 서로의 입장을 충분히 검토하여 상호 목적을 이루는 것이다. 또한 거래의 성공뿐 아니라 좋은 인간관계도 함께 형성해 나가기를 바라며, 특별한 실수가 없는 한 거래가 성사될 수 있도록 배려하는 스타일이다. 상대방의 이야기를 잘 들어주는 스타일이기도 한다.

이런 유형의 사람들과 만날 때 어려운 점은, 명확하게 선을 긋기가 어렵다는 점이다. 예를 들어 서로의 책임 부분에 대하여 명확하게 선을 그어 접근할 경우 역효과가 날 수 있다는 것이다. 따라서 지금 당장 결정하라는 식의 협상은 삼가고, 상대가 결정할 수 있는 기회를 제공하는 것이 오히려 바람직하다.

부드러운 유형의 사람과 협상할 때는 다음과 같은 점에 주의해야 한다.

첫째, 제시하는 안에 대하여 즉각적인 반격을 취하는 것은 삼가야 한다. 이런 행동은 마음을 상하게 할 수 있으므로, 분위기를 봐서 나중에 거론하도록 한다.

둘째, 서로의 입장을 고려해서 결정한 사항에 대하여 우유부단하게 번복할 수 있다는 것에 대비해 두어야 한다.

셋째, 진행하고 있는 협상안에 대하여 서둘러 결정하라고 독촉하지 말아야 한다. 당신이 결정을 독려하지 말고 상대가 결정을 내릴 수 있도록 기다려 주는 것이 좋다. 이런 점에 유의한다면, 협상 이후에도 더 좋은 관계로 발전할 수 있으며, 지속적인 관계를 유지할 수 있을 것이다.

유형 – 부드러운 성격 대응전략

상담자의 유형을 파악하고 접근하는 것은 협상의 기본이다.

성격적 특성	관계에 관심이 많다. 부딪치려 하지 않고 천천히 움직이며 빠른 결정을 피한다. 공통적인 의견을 구축하고 팀을 위한 접근방법을 쓴다.
식별법	누구나 좋아하는 스타일이다. 활기있고 마음이 열려 있으며, 사람들을 편하게 한다. 상대를 당황하게는 만들지 않는다.
협상스타일	Win–win 방식을 믿으며 실행한다. 서로의 입장을 고려하여 상호 목적을 이루려 한다. 거래의 성공과 인간관계를 동시에 얻으려 한다.
부드러운 사람 까다로워질 때	명확하게 한다는 것이 어렵다. '지금 결정하자' 라는 식은 삼간다.
주의점	즉시 공격하는 것이 죄악이다. 결정을 번복할 수 있다. 서둘러 결정하라는 식은 삼간다. 끈기를 가지고 기다려라. 관계 이후 수월하다.
협상하는 법	인간적인 문제에 집중하라. 주도권을 주고 편안하게 기다려라. 인간관계가 형성되면 즉시 답이 나온다.

　이들과 성공적인 협상을 만들어 가는 방법은, 첫째 인간적인 문제에 집중하라는 것이다. 협상 시작부터 상호 입장이나 이익에 관한 숫자에 연연해서는 좋은 결과를 기대할 수 없다. 둘째, 주도권을 상대에게 넘겨주고 편안하게 이야기를 들어주는 쪽을 선택하는 것이 유리하다. 당신이 이야기의 주도권을 가지고 리드해 나가면 금방 싫증을 느낄 수도 있기 때문이다. 셋째, 인간관계가 형성되면 즉시 답을 얻을 수 있다.

　이상에서 살펴본 것처럼 협상자들을 몇 가지 유형으로 나누어 볼 수 있으므로, 협상 전에 어떤 스타일의 사람이 나올 것인지를 미리 파악하는 것도 중요한 준비과정이라고 할 수 있겠다. 협상테이블에 나오는 사람의 스타일이나 유형을 파악하지 못한 채 협상을 시작했다가는 준비한 서류나 전략 등을 모두 바꿔야 하는 일이 벌어질지도 모른다. 따라서 정보를 수집하고 협상 과정을 설계하는 단계에서, 상대방의 프로필에 대해 충분히 파악하고 협상에 임하는 것은 그만큼 성공 확률을 높이는 길이 될 것이다.

「얼굴색처럼 협상도 다르다」

글로벌 시대에 살아가면서 국제협상의 기본을 이해하는 것은 상당히 중요한 의미가 있다. 다른 한편으로 국제협상에 약한 우리나라 기업이나 정부 또는 개인들의 협상 실패 원인들을 분석해 봄으로써, 21세기 국제화 시대에 누구에게나 주어질 수 있는 외국 기업들과의 협상테이블에서 자신감 있게 승리를 이끌어 낼 수 있는 길을 모색해 보기로 하자.

필자가 처음 중국을 방문할 때 이미 중국을 다녀왔던 지인이 이런 질문을 던졌다.

"중국 사람들의 문화는 동양문화일까, 서양문화일까?" 필자는 중국이

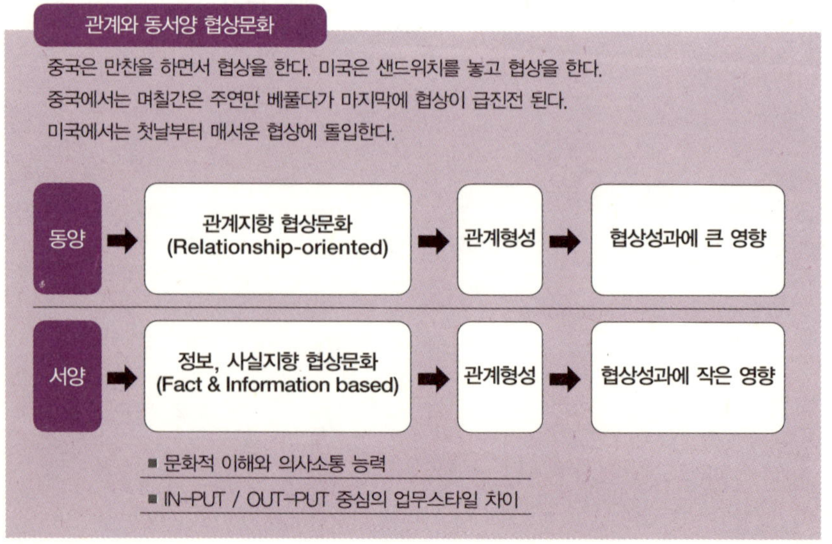

동양권이므로 "아무래도 동양문화 아니겠습니까?"라고 대답했다. 그러나 답변은 의외였다. 서양문화라는 것이다. 중국 사람들은 일본이나 한국과는 다르게 생활문화나 사고방식이 서양 사람들과 가깝다는 것이다. 막상 중국에 가서 체험한 결과 그 답변에 수긍이 갔으며, 우리보다도 합리적인 사람들이란 생각을 하게 되었다. 우리가 관계지향적 협상문화라면 서양은 정보를 바탕으로 사실에 입각한 사실 지향적 협상문화인데, 중국은 이것에 가까웠다.

중국에서 사흘을 보내면서 큰 프로젝트를 하나 결정해야 할 일이 있었다. 미리 준비해간 서류를 책상에 올려놓고 통역관을 대동시켜 만반의 준비를 갖추고 있었으나 중국 관계자들은 전혀 관심이 없었다. 한국경제나 산업 간의 기술력에 대하여 궁금한 것들을 물어 왔을 뿐, 의제에 대하여는 뒷전이었다. 저녁에는 큰 식당으로 초대하여 근사한 식사를 대접 받았는데 그곳에서의 좌석배치와 그들의 인사말은 참으로 오랫동안 기억에 남았다.

테이블을 중심으로 입구에서 가장 안쪽이 1인자의 자리이고, 입구 쪽이 2인자의 자리다. 1인자의 우측에 방문 고객 중 가장 직위가 높은 사람이 앉고, 1인자의 좌측에 방문 고객 중 두 번째 서열의 사람이 앉는다. 방문 고객이 부인을 대동한 경우엔 1인자의 좌측이 부인의 자리가 된다. 방문 고객의 세 번째 서열은 2인자의 우측에 앉으며, 네 번째 서열은 2인자의 좌측에 앉는 순으로 자리가 결정된다.

중국의 1인자가 건배 3창을 제안했다. 첫 잔에는 "한국에서 오신 귀한 분들과 오늘 우리는 친구가 되었습니다.", 두 번째 잔에는 "오늘 만났지만 우리는 영원한 친구가 될 것입니다.", 세 번째 잔에는 "여러분들이 요구하는 것들은 귀국하시기 전까지 모두 준비하여 드리겠습니다." 였다.

1인자의 제안이 끝나자 2인자가 건배 3창을 제안했다. 첫 잔에는 "여러분들을 진심으로 환영합니다.", 두 번째 잔에는 "1인자께서 말씀하셨으니 귀국 전에 모든 것을 책임지고 준비해 드리겠습니다.", 세 번째 잔에는 "서로가 영원히 도움을 나누는 상생의 길을 가겠습니다." 였다.

그들의 비즈니스 방식은 1인자와 2인자가 각각 건배 3창 속에 결정을 담아 표현하는 형식이었다. 그들은 몇 일간을 주연만 베풀다가 마지막에 협상을 급진전시켰다.

한때 우리나라 기업들이 중국의 성장 가능성만 보고 밀물처럼 밀려들어갔을 때의 일이다. 필자와 친분이 있는 중국전문가 한 분이 통역관 역할을 맡았다가 큰 망신을 당했다는 이야기를 해주면서 우리나라 사람들의 얄팍한 협상력이 국가적 망신이 됐다고 안타까워했던 기억이 난다.

중국 순덕에 있는 공장들과의 합작선 관련 합의를 통하여 J/V(Joint Venture 공장합작) 작업을 위한 협상이 진행되었는데 그 통역을 맡았다고 한다. 좋은 기회와 경험이 되리라는 생각으로 내심 기대가 컸었는데, 한국 측 기업 관계자에게 양사에 대한 자세한 기업 현황과 상품에 대한 기술적 측면 등을 사전 정보 준비 차원에서 물어봤을 때부터 명쾌한 답변이 나오지 않아 미덥지 않은 마음이 있었다고 한다.

다음날 오전 순덕(順德)으로 이동하여 모 공장에 도착하였다. 순덕은 광주에 인접한 도시 중 백색 가전제품 생산 공장이 많기로 유명한 작은 도시였는데 첫 방문부터 여러 브랜드의 공장을 둘러볼 수 있어서 좋은 기회였다고 한다. 협상이 진행되는 동안 여러 사안들이 오갔는데, 그 중 가장 기억에 남은 순간을 들은 대로 옮겨 보겠다.

중국 : 당신네 한국 기업이 자랑하는, 우리에게 줄 수 있는 선진기술이
란 게 무엇입니까? 간략한 소개와 함께 J/V와 관련해 갖고 계신
구상안에 대하여 설명을 좀 해 주시죠.

한국 : 최근 개발 상품화한 OO기술입니다. 이 기술은 **특성이 있으며
OO기능이 타 브랜드와 차별화되어 경쟁력을 높일 수가 있습니
다.

중국 : 그 기술은 한국은 물론 국제적으로도 증명되지 않은 특허입니
다. 지금도 문제가 되고 있지 않습니까? 그것을 신기술이라고
말할 수 있습니까?

한국 : …….

중국 : 그 외에 내 놓을 만한 다른 기술은 없습니까? 생산성은 어떻습
니까? 자동화율은 어느 정도이며, 최소 몇%가 자동화 수준에 도
달할 때 Cost 측면에서 수익성을 갖게 되며 최소 물량은 어느
정도여야 합니까?

한국 : …….

한국보다 한참 낙후되었다고 생각하고 방문한 중국 공장에서는 자동화 기계 돌아가는 소리가 여기저기서 들려오는데, 한물 간 기술로 중국을 공략할 수 있다고 생각했던 건지, 아니면 이 정도 수준이면 중국에서는 먹힐 것이라고 쉽게 생각을 한 건지는 모르겠지만 아무튼, 당시 그 현장에 참석한 그는 굉장한 충격을 받았다고 전했다.

우리의 문제는 강한 자에게 약하고, 약한 자에게는 강하다는 것이다. 우리 방식, 자기중심적으로 멋대로 생각하기 때문에 이런 실패를 자초한

다고 본다. 사전에 철저한 정보 수집과 분석을 바탕으로 대안을 세우는 것에 게을리 하기 때문이라고 판단된다. 한번 실패한 것은 다시 수정하여 그 시장으로 진입하기가 어렵다. 이미 신용과 신뢰를 잃어버렸기 때문이다.

그의 경험 중에 한국 사람의 순발력으로 상대방의 의중을 잡아 협상을 성공시킨 사례를 하나 더 소개하고자 한다.

상해에 전자레인지를 많이 판매하는 거래 선이 있었다. 이 거래 선은 천진의 전자레인지 공장과 직거래를 할 정도로 규모가 큰 거래 선이었는데 상해시를 포함한 인근 지역까지 하부 판매 및 서비스 조직을 거느리고 있는 꽤 규모가 큰 곳이었다. 이곳에서 위탁 용역계약을 하자는 의견이 접수되어 협상 길에 나섰다.

첫 대면에서부터 역시 상해인다운 면모가 여기저기서 유감없이 발휘되곤 하였다. 상해 사람은 무엇보다 철저한 직업관이 손꼽히는데, 협상에 나선 당사자가 회사를 대표한다는 책임감이 여느 지역보다 매우 강했다. 계약서 하나 하나마다 한국에서 준비한 표준 계약서보다는 자신들의 유리한 입장을 대변하게끔 따로 준비한 것으로 협상에 임하는 것이 아닌가? 마치 하부 거래 선과의 계약 형태와 유사한 내용들도 다소 있었다. 밀고 당기기를 몇 차례. 그러다 보니 어느덧 해가 저물었지만, 그래도 기본적인 사항은 오늘 중에 타협 선을 만들고 최종안은 내일 마무리하자고 협의를 하여 밤늦도록 진행하였다.

밤늦게 기본 안에 협의를 마치고, 식사를 함께 하는 자리에서 술을 한 잔씩 권하면서 내일 협의할 안에 대해 슬쩍 물어보니 어느 정도 의중을 내비쳐 주는 게 아닌가. 식사를 마친 후 숙소로 돌아가 계약서를 마무리하고 잠자리에 들었다. 그런데 다음날 오전 협상 장소로 찾아가 수정안을 제시하니 깜짝 놀라는 것이었다. 자신들이 식사 때 대략적인 감으로만 살짝 비춘 것을 계약서 내용으로 준비해 오는 순발력에 감탄한 것이었다. 덕분에 계약은 일사천리로 진행될 수 있었다.

우리는 순발력에 강하다. 그러나 준비성에는 부족한 부분이 너무도 많다. 대충대충, 빨리빨리, 우리 중심적인 사고를 국제협상에서는 버려야 한다.

이제 중국은 21세기에 가장 급부상하는 나라로 변신하고 있다. 많은 기업들이 중국을 비롯하여 BRIC'S(브라질 · 러시아 · 인도 · 중국)라 불리는 나라들로 몰려가고 있다. 그 중에서도 중국이 가장 빠른 성장을 주도하고 있다. 중국은 사회주의체제이기 때문에 다각적인 관계를 검토하여야 한다. 정치, 사회, 문화, 경제, 학술 등 모든 면에서 우리와 다르다. 그렇기 때문에 이것이 안 되면 저것이 될 수도 있고, 저것이 되는 조건으로 다른 것이 안 되는 경우도 있다는 것을 사전에 미리 알아두고 준비하기 바란다.

또한 중국 사람들과의 관계를 개선하고 유지하는 데 있어 '선물'은 어느 정도 관습화되어 있다. 필자도 중국을 방문할 때 방문하는 곳마다 귀한 선물을 받았다. 주로 도자기로 된 것으로 그 지역을 대표하는 특산물 등을 선물 받았다.

선물은 잘못 사용하면 뇌물이 되지만 기준이 명확하다. 아무런 거래 관계가 없을 때 선물을 주어야 한다. 그래야만 자기에게 호감을 갖고 있다는 것을 알게 된다. 기꺼이 아무런 조건 없이 부담 없는 선물을 줄 때 그 마음을 알게 되고 나중에 이해 관계가 발생할 때도 진정한 도움을 받을 수 있다.

미국이나 유럽 쪽은 협상의 분위기가 상당히 다르다. 미국은 첫날부터 매서운 협상을 시작한다. 식사도 양해가 된다면 햄버거를 먹어 가면서 하고, 사실적 근거를 확인하는 데 몰입하는 스타일이다.

우리의 문화는 IN-PUT을 중요시 여긴다. IN-PUT은 가능성과 잠재력을 말하는 것으로 형식화된 서류나 브랜드 포지션 등을 앞세우지만, 미국과 유럽은 OUT-PUT, 즉 성과 중심의 협상을 한다는 것을 염두에 두어야 한다. 이들은 가능성과 잠재력도 좋지만 결과적으로 나올 수 있는 성과물에 더욱 관심을 갖는다는 점을 명심하라.

언어와 문화의 장벽을 넘어 서로가 관계를 맺고 유지하기 위해서는 충분히 서로를 관찰하고 서로에게 도움이 될 수 있는 것들을 많이 확보하는 것이 무엇보다도 중요하다. 협상테이블에서도 하나의 대안만 제시하지 말고 다양한 가능성에 맞춰 다양한 제시 조건들을 미리 준비해 두는 것이 성공적인 관계 형성에 유리하다는 것은 두말할 필요가 없을 것이다.

협상력에 많은 영향을 미치는 결정요인은 다음 4가지가 있다.

첫째, 협상가의 지위(Position)이다. 협상가가 자신이 속한 조직 내에서 지위가 높을수록 협상 상대에 대한 강한 협상력을 가진다. 이를 우리는 지위력(Position Power)이라 한다. 이러한 현상은 우리나라에서도 거의 일반적이다. 수익이 많든 적든, 규모가 크든 작든 계약의 최종 단계는 상위 지위에서 결정될 수 있는 것으로 인식되고 있다.

국제 비즈니스에서도 지위가 높을수록 강한 협상력을 갖게 되는 것은 업무 사이즈에 따라 업무의 난이도나 의사결정권이 주어지기 때문이다. 외국 사람들도 비즈니스 석상에서 낮은 직위의 사람들은 확인 작업을 거치고 수정 보완하는 역할을 한다. 외국에 나가서 협상을 결정해야 할 경우라면 이러한 점을 감안하여 최고 경영자가 참석하는 것이 예의이며, 빠른 결정을 받아 낼 수 있다.

둘째, 상호 의존성(Interdependence)이다. 이제 기업은 속도경영을 해야 한다. 속도경영을 하기 위해서는 모든 것을 혼자서 하던 시대와는 다르게 전문성을 보유한 기업들과의 제휴를 통하여 속도경영을 추진해야 하는 것이다.

혼자서 모든 것을 할 때는 시간과 돈, 그리고 인력까지 확보하여 오랫동안 노력하여 신상품이 개발되었다. 하지만 지금의 경영환경은 상품의 라이프 사이클이 짧고 하루가 다르게 신상품이 쏟아져 나오고 있다. 이런 환경을 따라잡기 위해서는 협력회사 또는 파트너가 필요한데 이들은 상호 의존성을 가지고 함께 성장하는 동반자 역할을 하게 된다.

모든 것을 혼자서 해결하려고 하지 마라. 자신이 가장 잘할 수 있는 핵심 산업에 집중하여야 한다. 예를 들어, 무조건 자동차를 만들겠다는 욕심을 부리지 말고 미래 지향적인 텔레매틱스 지능형 자동차에 필요한 특별한 핵

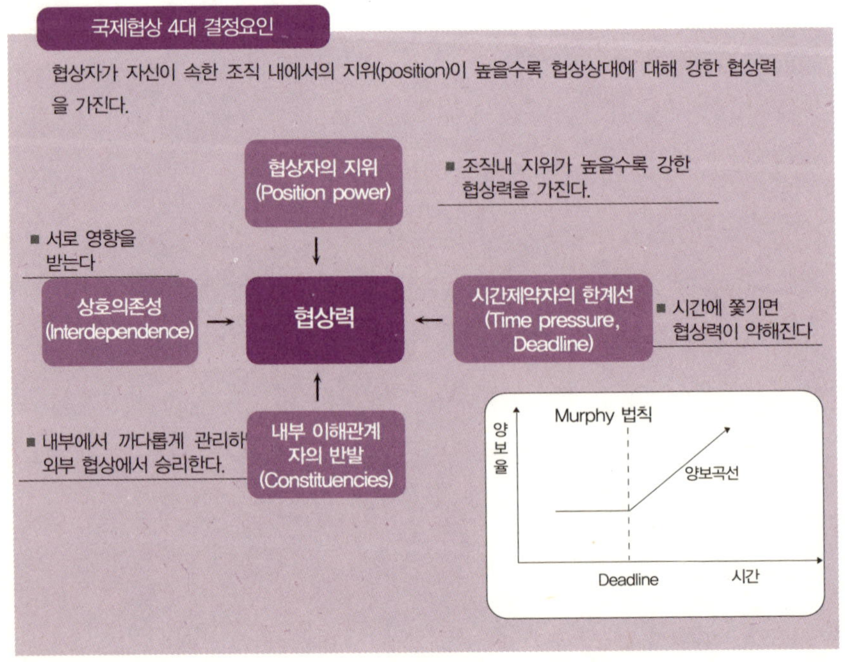

심기술 하나만 개발하면 큰 수익이 보장될 수 있다는 점에 주목하라. 핵심 기술만 있다면 자동차 회사와 제휴하여 상호 윈-윈 할 수 있는 것이다.

셋째, 내부 이해관계자(Constituencies)의 반발은 협상력을 강화시킨다.

내부에서 충분하게 검토되고 검증되어야 한다. 문제를 내부에서 제기하여야 한다. 국내에서 사용했을 때 아무런 문제가 없더라도 환경이 다른 외국에서 사용할 때 발생할 수 있는 모든 문제의 가능성들이 검토되어야 한다. 한국 내에서 잘 돌아가던 컴퓨터 서버가 미국에 가면 왜 문제가 되는가? 한국에서 최초로 개발한 평면 TV가 왜 중국에서는 소비자에게 외면당했는가? 모두 한국 중심적인 생각만으로 상품을 개발하고 외국의 환경이나 기술력을 감안하지 못한 데서 비롯된 오류들이다.

국제적인 비즈니스를 위해서는 우선 내부에서 충분하게 검토하여야 한다. 소비자 구매 트렌드, 기존 제품과의 호환성, 거래 국가의 기술력과 향후 관리, 잠재 경쟁사의 신상품 개발과 시장 변화 예측 등 고려할 것이 한두 가지가 아님을 알 수 있다. 이러한 문제점들을 사전에 조사하고 대안을 설계한다면 그만큼 협상의 경쟁력을 높이는 데 기여할 것이다.

넷째, 시간 제약(Time Pressure)이다. 양보율은 시간의 제약을 받는다. 시간이 흐르면 흐를수록 양보율은 높아진다. 따라서 데드라인(Deadline)을 정해서 협상의 수위를 조절할 줄 알아야 한다. 모든 비즈니스에서는 시간의 제약을 받는다. 타이밍을 놓치면 제품도 사업 자체도 존폐의 위기에 놓일 수 있음을 명심해야 한다. 사업에서 가장 중요한 것이 시간이다. 특히 해외에 나가서 협상을 할 경우 일정별 또는 기관별로 철저한 계획을 수립하여야 하며, 대체방안도 여러 가지 준비하는 것이 바람직하다.

자동차 수입을 놓고 한국과 미국 간의 갈등이 불거졌다. 서로가 주장하는 기준이 큰 차이를 보이고 있기 때문이다.

미국이 판단하는 기준은 자동차 무역수지의 불균형을 한국 내 외제차 시장점유율을 놓고 해석하지만, 한국에서는 전체 무역수지 불균형을 놓고

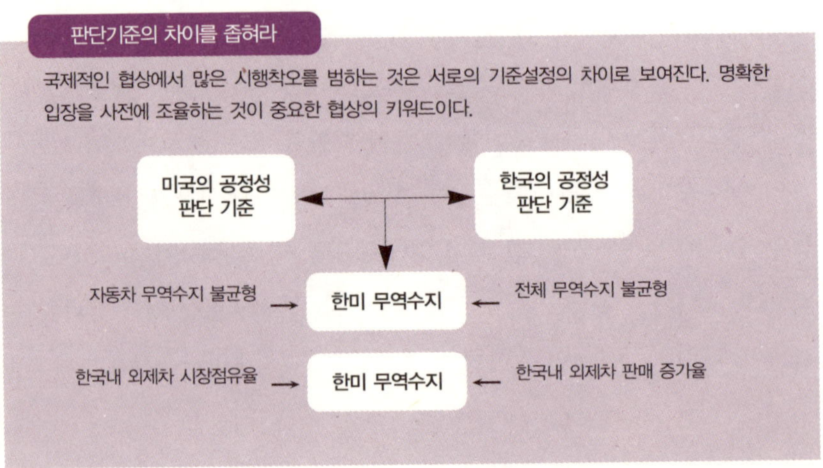

한국 내 외제차 판매 증가율로 대응을 한다.

남들은 우리를 IT 강국이라 하지만 한국의 실리콘밸리는 어디인가? 한 때는 테헤란로를 한국의 실리콘벨리라 불렀었지만 그곳의 벤처기업들은 모두 사라졌다. 그러나 고부가가치산업인 IT산업의 경우 한국인의 우수한 두뇌와 기술력을 세계에서 인정하고 있다. 이러한 기술력을 바탕으로 기술 강국 한국을 해외에 팔고 농촌을 전략적으로 계획화한다면 보다 부가가치 있는 경쟁력과 협상력을 갖출 수 있으리라 본다.

정부에서도 농촌을 상품화 하는 전략을 계획하고, 세계 판단기준에 눈높이를 맞춰야 할 때다.

가격조정에 있어서 한국 사람들은 우리말로 후한 편이다. 쉽게 감정에 좌우되며 기분에 따라 "됐나?", "됐다." 로 마무리되기도 한다.

앞서 말한 바 있지만 '내가 50% 손해 볼 테니 당신도 50% 손해 봅시다.' 라는 식이 많다. 이러한 한국식 협상 방법은 종종 외국 사람들로부터 신용과 신뢰를 모두 잃어 버리는 결과를 낳는다.

그들은 양보도 철저한 계획에 따라 한다. 아래 표에서 볼 수 있듯이 가격인하의 폭이 갈수록 줄어든다. 계획적인 양보에 대해 앞서 많은 사례를 들었던 것처럼 외국인들은 철저하게 계산된 방식으로 자신들의 실속을 차린다.

그러므로 양보 전략까지도 사전에 철저하게 준비해야 한다. 앞서의 일본과의 조업한계선 협상에서 철저하게 실패한 사례를 잊지 마라. 준비과정에서 우리 측 어민들이 세금을 많이 내게 될 것이란 예측 아래 모든 정보를 거짓으로 제공했기 때문에 결과적으로는 불이익을 받지 않았던가.

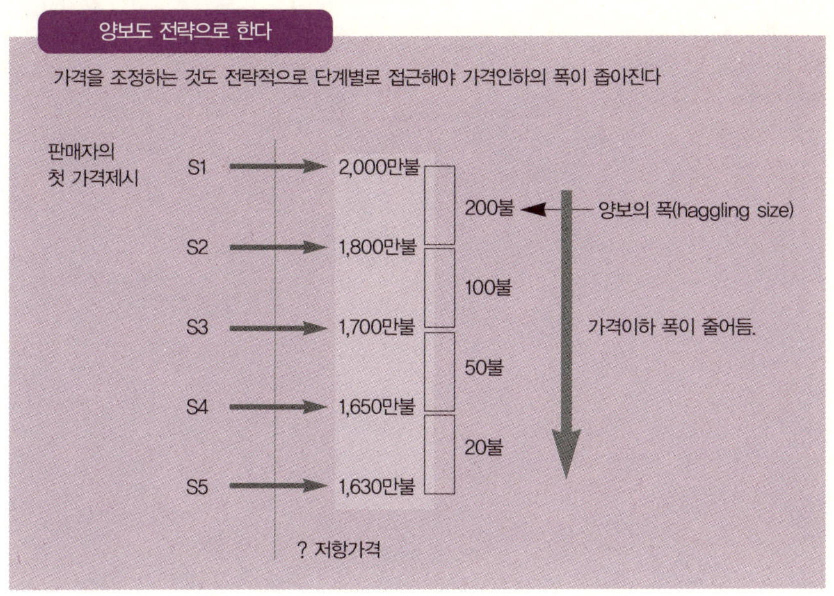

정확한 데이터와 사전계획으로 전략적인 협상을 펼쳐야 승리할 수 있다.

23 이행약속을 받아라

외국 기업과 기술제휴 또는 양해각서(MOU, Memorandum Of Understanding)를 체결했다는 뉴스를 접할 때가 있다. 이 때 반드시 빠지지 않고 등장하는 장면이 있는데, 양사의 대표들이 협정서에 사인하는 장면이나, 악수를 하는 장면, 단체 사진을 촬영하는 장면 등이다. 그 이유를 한번이라도 생각해 본 적이 있는가.

> **이행약속을 받아라**
>
> 단순히 합의에 도달하고 나서 협상이 끝난 것은 아니다. 협상의 목적은 이행약속(commitment)을 받아내는 것이라고 강조한다.
>
> ■ **명문의 서류작성 (계약서, MOU 등)**
> 국제협상에서는 꼭 필요하다.
>
> ■ **합의내용 공개 (Public announcement)**
> 양사의 회사 임원 또는 참석자들에게 공개하고, 기념 촬영 등으로 근거를 남긴다.
>
> ■ **상호교환**
> 합의에 의한 이행약속 표시로 협상자 간에 물건, 증표 등을 상호 교환하는 방법이다.

이런 모든 과정들은 계약 체결을 국제화, 공식화하기 위한 전략의 하나이다.

미국이나 유럽에서는 구두로 약속하는 것은 신빙성이 없다고 판단한다. 반드시 서면으로 계약서 상에 도장을 받고 서로 교환하는 것을 원칙으로 한다. 이들은 또한 참석한 모든 사람들에게 양 사의 합의 내용을 공개하고, 함께 기념촬영을 함으로써 근거 자료를 남기기도 한다. 계약의 증거로 상호 관련된 물건, 증표들을 교환하는 경우도 있다.

우리 방식처럼 서면으로 계약한 문서에 도장만 찍는다고 해서 계약이 완료된 것이 아니라는 점을 기억하라. 외국 기업과 상호 거래에 대한 충분한 합의가 이루어진 뒤에는 반드시 이행약속(Commitment)을 받아 내야 한다.

협상은
돈! 보다
강하고
인맥보다
세다

◦◦◦◦◦◦◦◦◦◦◦◦

초판 1쇄 펴낸날 | 2006년 4월 18일
개 정 판 펴낸날 | 2007년 2월 8일

지은이 | 송균석 · 신정수
펴낸이 | 이금석
펴낸곳 | 도서출판 무한

등록일 | 1993년 4월 2일
등록번호 | 제3-468호

주소 | 서울 마포구 서교동 469-19
전화 | 322-6144
팩스 | 325-6143
e-mail | muhan7@muhan-book.co.kr
홈페이지 | www.muhan-book.co.kr

값 | 10,000원
ISBN | 978-89-5601-167-7 (13320)